沖縄 暮らしのしきたり 読本

御願 行事 編

比嘉淳子+チームくがに

双葉社

目次

序章　旧暦の暮らしと御願・行事

1章　旧暦行事に伝わる意味・いわれ

目次

ミーニシの頃（旧暦7～9月）

トゥンジービーサーの頃（旧暦10～12月）

2章　レッツ・トライ！　御願とおまじない

目次

序章

旧暦の暮らしと御願・行事

本書では沖縄に伝わるしきたりのなかでも、
「御願・行事」について触れていきます。
まず序章では、「旧暦」と暮らしのかかわり、
そこから生まれた御願・行事、
そして、ヒヌカンについてお話ししましょう。

先人たちが残してくれたこと

「はじめに」に代えて

ここ最近、沖縄ではちょっとした「御願《うがん》ブーム」が起っています。かつてはどこのうちにもあったヒヌカンが少しずつ姿を消している時代に、御願が見直されるのは大事なこと。それでも、暮らしとは切ってもきれないはずの「御願」がそこだけ取りざたされ、ご利益を求める行為になっているのには、「シン!?」と違和感を持たずにいられないのが正直なところ。

沖縄では昔から、おばあちゃんをはじめとする年長者たちが「暮らしのしきたり」を伝え残してきてくれました。その基本にあるものを表しているのが、こんな黄金言葉《くがにくとぅば》。

神をおそれるということは、もの習いの始まり（神畏《かみうす》りーしぇー、物習《むんなれー》ぬ元《むーとぅ》）

神を「自然」といい換えてもいいかもしれません。おばあちゃん曰く、「目に見えるものでも、見えないものでも、自分以外のものを敬うのは大事なことだよぉ〜」。

この教えを日々暮らしのなかで行為にしたのが「御願」であり、「行事」なのです。

「暦＝自然」「暮らし」「御願・行事」は一体

沖縄の御願・行事はいまも、旧暦で行います。旧暦は自然の移ろいと切ってもきりはなせないもの。人は暦をヒントに自然をよみながら暮らしてきました。そして、自然の流れがあるからこそ、御願と行事が生まれたのです。

自然をよむことに長けていた先人たちは、これらを伝えることで、たくさんの知恵を残してくれました。残念なことに、昔からのしきたりを伝えてくれるおばあちゃんたちは、年々、少なくなっています。本書では、那覇で生まれ育った筆者が、身のまわりの年長者たちから聞き学んだ御願や行事のいわれ、しきたりをまとめました。少しでも長く、沖縄の先人たちの知恵が、次世代に残り続けますように。

最後にもうひとつ、本書を読み進めるヒントになるおばあちゃんの黄金言葉を。

グソーは雨どいの下にある（後生《ぐそー》や雨垂《あまだ》いぬ下《しちゃ》）

「あの世とこの世が近い」といわれる沖縄ですが、昔のお年寄りたちにとっては、ホントにあの世は軒先ぐらい近くにあったのです。

二〇〇八年九月　比嘉淳子

旧暦で行う御願・行事

暮らしのなかの自然と旧暦の関わり そこから御願の意味も見えてきます

前ページで触れたように、沖縄の行事・御願の多くは「旧暦」で行われます。「このご時世に、旧暦?」という方もいるかもしれませんが、「浜下り（ハマウリ）」や「お盆」など、身近な行事をいまも旧暦で行っていると思います。

沖縄に残る多くの行事や御願は、自然の移ろいから生まれました。季節だけでなく潮の満ち引きなど、自然の変化と上手に付きあって暮らしていくための知恵でもあったわけです。

私たちが通常使っている新暦は「太陽暦」。これに対して旧暦は、月の満ち欠けを重視した「太陽太陰暦」。太陰暦は月齢（月の満ち欠け）を1カ月とすることで、潮の満ち引きを示してくれます。そこに太陽暦からはじきだされた清明《せいめい》や冬至《とうじ》といった季節を示す二十四節気や雑節を加えたものが「旧暦」（22ページ参照）。つまり、新暦よりさらに深く自然をよみとり、示したのが旧暦なのです。

実際、旧暦を意識しながら暮らしてみると、気づくことがたくさんあります。旧暦3月3日の浜下りの頃は海水がぬるんでくるし、沖縄の夏の風物詩「スク漁」は毎年旧暦6月と7月の

1日（大潮）あたりに行われます。海だけでなく陸でも、ヘチマやゴーヤー、マンゴーの花は、旧暦の1日と15日に薫り高く咲きます。「この日に受粉すると、とびきり甘い実になる」、先人たちはこんな知恵も残してくれました。沖縄ではいまでも、漁業だけでなく、農業を営む高齢の方は、月の満ち欠けを見て漁や種まきの時期を判断するといいます。

さらにいえば、自然の一部である私たち人間もしかり。人は満月に生まれ、新月に死んでいくといわれています（医療技術が進んだため、出産も死亡も若干、コントロールされますが）。

海や地の自然は、食べ物――ヌチグスイ――をもたらしてくれる恵みの源。現代人よりずっと自然を尊び、畏敬の念を抱いてきた先祖たち。深い洞察力を持った先人たちは、「自然の神様を大事にしなさいよー」と伝えるために、「御願」をさまざまな行事とともに伝え残してきたのではないかと思うのです。

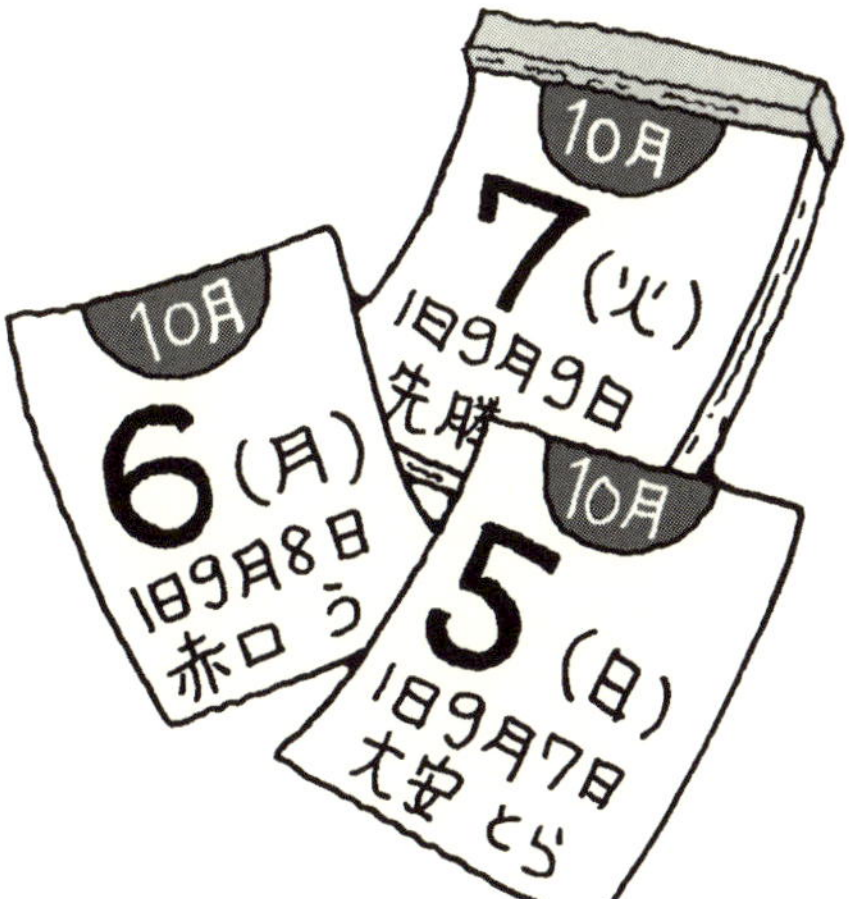

旧暦1日・15日のヒヌカン御願行事

暮らしのなかの御願行事を実践するなら まずは毎月2回のヒヌカンの御願から

旧暦の御願行事の基本の「キ」といえば、おうちの台所にまつられたヒヌカン（14ページ参照）を拝む「1日・15日（ついたち・じゅうごにち）」。日頃からお世話になっているヒヌカンに、この日は感謝をこめてウブク（炊いたご飯）をお供えし、手を合わせる――これは昔からヒヌカンをまつる主婦たちが欠かさずやってきたことです。

旧暦では毎月1日が新月、15日前後が満月。両日とも大潮の日に当たります。月に2度訪れる大潮の日は、「神様が活発に行動する」といい伝えられてきました。どんなふうに「活発に行動する」のか？　知り合いのおばあちゃんからこんな話を聞きました。

新月の1日は「天の門が閉まる」日。ヒヌカンは、門が閉まる前に家族の日々について報告しにいくのだそう。その家族は仲良くやっているか、健康に過ごしているか、ここ最近の願いごとや問題はなんなのか……、天で審議会が開かれるのだとか。「天の門が開く」のは、満月の15日。この日は審議会の結果を持った天の役人があちこちに向かうといわれています。

「日々、正しい心で過ごしていたら、1日・15日の願いは通りやすい」、こう教えてくれたおばあちゃんもいました。

暮らしのなかの御願や行事を少しでも知り、実践していきたいと思っている方は、まず、旧暦1日・15日を意識することが始まりになると思います（実践についての詳細は110ページを参照してください）。

しーぶんコラム

旧暦1日・15日のフシギ

ちょっと理科の話。新月と満月の日は太陽・地球・月が一直線に並びます。この日に地球に及ぼされる月や太陽の引力などが大潮を引き起こします。サンゴが満月の日に産卵するように、大潮の日は自然や生命とも関わりが深い日。旧暦1日・15日は昔から「ヒーヂューサン（日が強い）」といわれ、いろんな意味で気にかける日とされてきました。

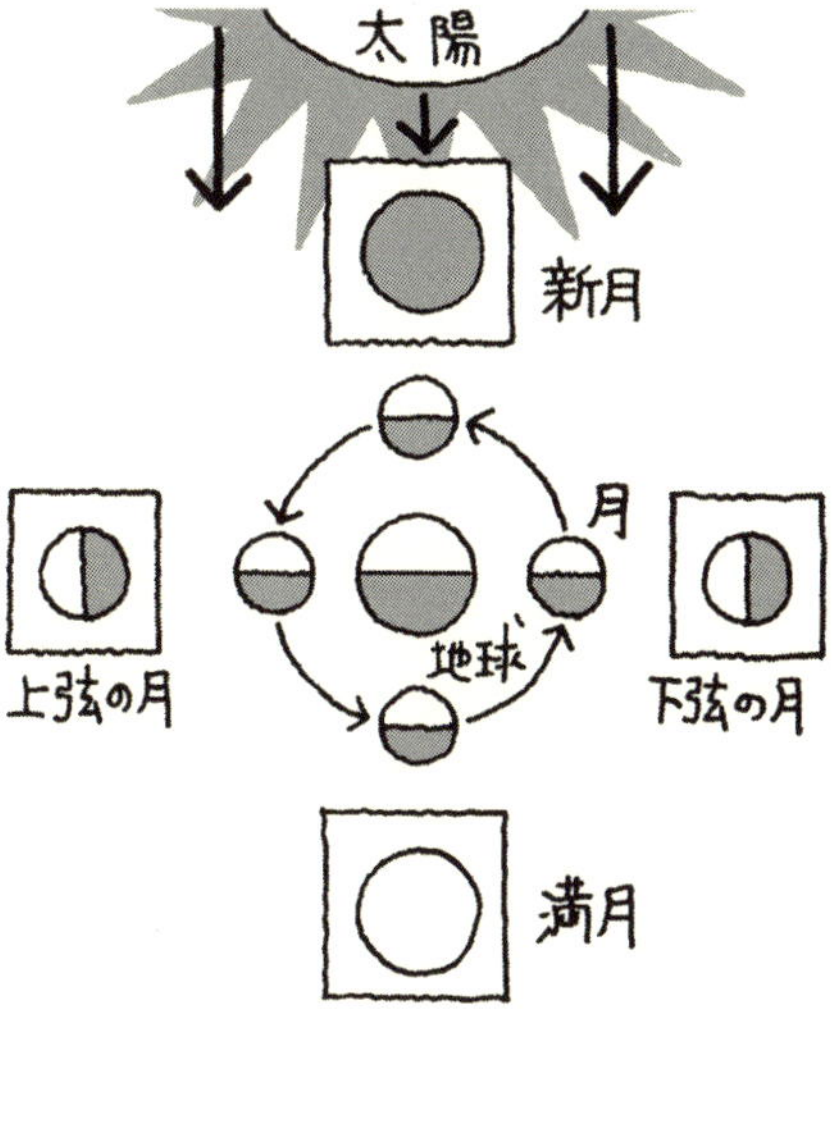

太陽
新月
月
上弦の月
地球
下弦の月
満月

ヒヌカンをもっと知ろう

家族ともっとも親しい神様
行事も御願も、まずヒヌカンとのお付きあいから

沖縄では土地の四方、家の各所に神様がいるといわれています。そのなかでもっとも親しく付きあうのが、ヒヌカン（火の神様）。昔の一家の主婦は起きたらまず、朝一番の水をヒヌカンにお供えするところから1日が始まりました。

「ヒヌカンとトートーメーは一対」といわれます。神社が神様を、寺が仏様をまつるところであるように、おうちのなかでもヒヌカンは神様、トートーメーは先祖（仏）をまつっています。沖縄ではこの両方を、昔から大事にしてきました。

人の家に行って、トートーメーに手を合わせるのは礼にかなったことですが、ヒヌカンに手を合わせるのはおかしなこと。ヒヌカンは単に神様というより、「わが家専属」。日々、手を合わせることで、家族の履歴全部を把握し、なにかにつけ力になってくれるのだとか。

沖縄ではいまでも、シーミーや旧盆など、先祖ごとは行われていますが、暦のなかにいくつも織り込まれている神様行事は希薄になってきています。日々を無事に過ごす知恵が詰まった行事・御願。これらを省みるには、まずヒヌカンとのお付きあいから、なのです。

台所のコンロまわりにまつられるヒヌカン。
手を合わせるときは、正座するのが礼儀です

しーぶんコラム

ヒヌカンがなかったら?

「うちにはヒヌカンはない」という方、それでも大丈夫。ヒヌカンはアガリティダ（朝日）出身なので、朝日に（つまり東の空に向かって）手を合わせれば、ヒヌカンに手を合わせるのと同じ意味があるそうです。朝10時ちょっと過ぎまでのお日さまがいいとか。曇りや雨でお日さまが出ていなくても関係ありません。雲の上ではいつもお日さまがこちらを照しているのですから。

『ヒヌカンって、どんなキャラクター？』

「家のなかでもっとも親しく付きあう火の神様」。
こういわれたところで、
ヒヌカンがどんな神様なのかが
わからなければ、
親しみも持てないというもの。
ここでは、ヒヌカンがどんな個性、
役割をする神様といわれているのか、
ちょっとまとめてみましょう。

「お通しどころ」のヒヌカンは、早い話が電話交換手!?

神様というのはけっして万能なわけではないらしく、それぞれに管轄や得意分野があるのだとか。ヒヌカンの主な役割のひとつが「お通しどころ」。簡単にいうと、電話交換手。線香を立てて(これが通話料！) うーとーとーをはじめると、ヒヌカンが内容を聞いて、その通話を適任神につなぐのだとか。

天の役所の出張所
家族の履歴をインプット

「わが家専属」のヒヌカンに出産、受験、結婚、離婚、死別などを報告すると、家族の履歴として記録。この履歴を天の役所にも届けてくれるとか。家族の病歴を知っているホームドクターがいざというとき心強いのと同じように、ヒヌカンにちゃんちゃんと報告しておけば、なにかにつけ強い味方になってくれるのです。

ヒヌカンは実は３神
交代制で家族を見守ります

かまどを模した３個の石「御三石（うみちむん）」を起源とする自然神のヒヌカン。実は３人の神様で構成されているとか。年末、ヒヌカンは天に数日戻るといわれますが、その間もひとりが居残り組で家族を見守っているのだそう。香炉のそばにはいつもヒヌカンがいるので、愚痴や人の悪口は禁物なのです。

ヒヌカンの基本的なまつり方

香炉の色は衣装。神様は「白」、元人間の先祖は「色・柄物」が基本

香炉を中心としたヒヌカンのお供え物は、常緑の葉物を挿した花瓶、水盃、酒盃、盛り塩、米が一般的です。このほかにも、旧暦1日・15日をはじめ、特別な行事・御願ではウブクや赤ウブク（赤飯）などをお供えします。

香炉をはじめ、ヒヌカンの器はすべて「白」が基本。これは、「石を起源とした神様だから」とか「拝む人の心に穢《けが》れがないことを表すため」などといわれます。また、「香炉の色は衣装を表す」との説も。神様の衣装は白。先祖（つまり、元人間）をまつる仏壇は、着物と同じく色物や柄のついた香炉を使います。

お供え物にも、それぞれ意味・いわれがあります。

■水は「清らかなもの」　■酒は「水と火と米の結晶」
■塩は「海の幸（黄金塩《クガニマース》）」　■米は「地の幸」

花瓶に葉物をお供えするのは、「子孫がいきいきと活力あふれ、枝分かれするように栄えていきますように」という意味を含めてだそうです。

香炉を中心としたヒヌカンのお供え。香炉は東か南向きになるようにまつりましょう

しーぶんコラム

花のお供えは禁物

とくに好んでお供えされる葉物はチャーギやクロトン、若竹。チャーギは別名・犬槙《いぬまき》。槙は「正しい木」「真の木」の意味があり、香り高く、丈夫で枯れにくく、1年中光沢のある美しい葉をつけます。若竹は「まっすぐに、礼節を持ち、天を仰ぐようにしっかりと根を張る」といわれ、好まれてきました。ちなみに、ヒヌカンに花のお供えは禁物。「家の男が女遊びに走るようになるから」、らしいです。

ヒヌカンを仕立てる

かつては親から灰を相続
いまは新たに仕立てるのが主流とか

トートーメーと同じく、ヒヌカンも一般的には長男が引き継ぐもの。次男以下の男子が所帯を持ったときは、新しくヒヌカンを仕立てることになります。その際は、親からの「財産相続」として香炉の灰を分けてもらうのが習わしになっていました。灰は家族の長年の想いと歴史がつまったもの。ただの灰にあらず、なのです。

しかし最近では、親からの灰の継承を辞退し、自らヒヌカンを仕立てるのが主流だとか。灰を分けてもらうと、実家への「お知らせ」も自分のところにかかってくるというのが、その理由。よいお知らせならいいのですが、厄介なお知らせが来ることもあるので、ややこしいことは避けたいということなのでしょう。

ここまで読んでおわかりのように、「ヒヌカンを仕立てる」というのは、単に香炉や灰を買ってきて、台所に置くというのとは、意味合いがかなり違うことなのです。

ヒヌカンを仕立てるには、手順をふんだ御願をすることになります。一般的には専門職（ユタ）に依頼して、仕立ててもらいます。

仕立てる日選びも重要。新暦の4月（シーミーの時期）、旧暦の7月（お盆月）、10月（神無月）、家の大黒柱や長男のトゥシビー（生まれた年の干支と同じ干支の年）を避けた吉日を選びましょう。できることなら閏月《うるうづき》（ユンジチ／22ページ参照）や旧暦の七夕（66ページ参照）、ヒヌカンの昇天時期（旧暦12月24日～27日／91ページ参照）に仕立てるのがよいそうです。

しーぶんコラム

ヒヌカンのベストポジション

ヒヌカンをおまつりする場所は、コンロの真後ろがベストポジション。一段高いところに、不燃性の台を設置しておまつりします。次に大事なのが、香炉の「顔」を決めること。香炉は3本足ですが、前から足が2本見えるように置くのが主流。この正面が顔になります。顔の位置はいつも変えずに。東か南向きになるように設置しましょう。

しーぶんコラム

「お知らせ」ってなに?

原因不明の体調不良や事故といった、非日常的なことが起ったとき、沖縄ではそれを「お知らせ」と認識することがあります。先祖がなにか子孫に知らせたいことがあるのに、子孫がなかなか気づかない場合、こうした形でお知らせしてくるわけです。ちなみに、先祖が祟るということはありません。お知らせは先祖からの信号なんですね。

うーとーとー
コラム

旧暦のカラクリと閏月(ユンジチ)

新月からはじまり満月を過ぎて次の新月前日までは約29日。この月齢をそのまま1カ月にしたのが太陰暦。「旧暦」は太陰暦をもとに、ひと月を29日ないし30日に設定しています。

太陽暦である現在の新暦の1年は365日。これに対して旧暦は約354日。太陽暦とのこの誤差は、そのまま旧暦が季節とずれてくることを表しています。そこで旧暦が取り入れたのが、「二十四節気」と「雑節」。太陽の一回帰年を24等分して示した春分や夏至などの二十四節気。さらにその間に細かく季節を示した節分や彼岸などの雑節。これらをカレンダーに盛り込むことで、太陰暦と季節のズレを調節したわけです。

とはいえ、32～33カ月経つと、そのズレは約30日ほどになります。つまり1カ月分。そこで「閏月(ユンジチ)」を設けることでズレを調整しました。旧暦を付したカレンダーを見ると、3月の後に「閏(うるう) 3月」、8月の後に「閏8月」など、同じ月が2回設けられている年があります。このように閏月のある年は、1年が13カ月になるわけです。

閏月は神様・先祖関連で、日延べしていたことが行える月。「ご先祖様たちはまさか同じ月が2度あるとは思わないので、その間に……」ということだそう。仏壇の手直しや墓を作る、ヒヌカンの香炉を仕立てるなどに最適な月なのです。

1章

旧暦行事に伝わる意味・いわれ

カジマーイ、カーチーベー、ミーニシ……、
風の移ろいとともに季節が巡る沖縄。
自然の流れのなかに織り込まれた数々の行事、
そのなかに言い伝えられてきた
意味・いわれを本章では紹介していきます。

	日にち	行事・御願	内容	掲載ページ
旧暦6月	25日	**六月カシチー**	新米でカシチー(強飯)を作り、豊作の感謝をする	61
	中〜下旬	**綱引き行事**	賑やかに過ごし、厄を祓う	—
旧暦7月	7日	**タナバタ(七夕)**	お墓の掃除をし、お盆の案内をする	66
	13日	**旧盆・ウンケー(精霊迎え)**	里帰りした先祖をお迎えする	68
	14日	**旧盆・ナカビー(中日)**	1年ぶりに戻った先祖と楽しく過ごす	70
	15日	**旧盆・ウークイ(精霊送り)**	あの世に戻る先祖を見送る	71 72
旧暦8月	8日	**トーカチ**	数え88歳の長寿祝い	74
	8日〜11日頃	**ヨーカビー(妖怪日)**	あの世に帰りそびれたヤナムンを撃退する	77
	10日前後から2週間	**八月の屋敷の御願**	今年後半の平穏を土地と家の神に祈願する	76 118
		シバサシ(柴差し)	ゲーンを挿してヤナムンを撃退する	76
	10日	**赤カシチー**	小豆を入れたカシチーを作り、豊作に感謝する	61
	15日	**十五夜(ジューグヤー)**	八月踊りや棒術、獅子舞などを奉納する	78
	新暦9月20日前後	**秋の彼岸**	秋分を中心とする先祖供養の行事	47
旧暦9月	7日	**カジマヤー**	数え97歳の長寿祝い	80
	9日	**菊酒(チクザキ)**	菊の葉を浮かべたお酒を飲んで家族の健康を祈願する	82
旧暦10月	1日	**カママーイ(竃廻り)**	集落で団結して行う火災予防の行事	86
旧暦11月	新暦12月20日頃	**トゥンジー(冬至)**	トゥンジージューシーを食べる	87
旧暦12月	8日	**ムーチー**	ムーチーを作って、子どもの健康祈願	88
	中旬〜24日頃	**十二月の屋敷の御願**	今年1年の感謝を伝えるお礼参り	90 118
	24日	**ヒヌカンの昇天**	家族の1年を報告するため、ヒヌカンが天に戻る日	91 114
	24日	**ウグヮンブトゥチ(御願解き)**	今年の御願の願い下げをする	91
	31日	**トゥシヌユゥル(大晦日)**	豚をつぶしてスーチカーを作り新年に備える	—

暮らしのなかの主な旧暦行事

	日にち	行事・御願	内容	掲載ページ
毎月	旧暦1日・15日	**ヒヌカンの1日・15日**	月に2回、お供えものを替えてヒヌカンに手を合わせる	12 110
旧暦1月	1日	**正月(ショウグヮチ)**	若水を神仏に供える。人も飲んで若返りをはかる	28
	2日〜13日	**年頭の健康祈願(マドゥ・トゥシビー)**	年初めの生まれ干支の日に行う健康祈願	32
	2日〜5日	**ハチウクシー(初起こし)**	新年の仕事始め。豊作や豊漁を祈願する	—
	4日	**ヒヌカンのお迎え**	天からヒヌカンが帰ってくる日。今年の願いごとをする	31 114
	7日	**ナンカヌスク(七日節句)**	菜雑炊(ナージューシー) を神仏に供え、食べる日	34
	15日	**小正月**	神様とともに過ごす正月最終日	34
	16日	**ジュウルクニチー(十六日)**	墓前で祝うあの世の正月	36
	20日	**ハチカショウグヮチ(送り正月、終わり正月)**	正月の終了日。この日までに正月飾りを片付ける	34
旧暦2月	1日〜10日	**二月の屋敷の御願**	家と土地の神々に、今年上半期の平穏を祈願する	38 118
	15日	**二月ウマチー**	麦の初穂祝いと豊穣祈願	40
	上旬	**シマクサラシ**	集落に結界を張り、ヤナムンを撃退する	42
	新暦3月20日前後	**春の彼岸**	春分を中日とする先祖供養の行事	47
旧暦3月	3日	**浜下り(ハマウリ)**	女性のお祭り。浜で禊ぎをし、潮干狩りを楽しむ	44
	15日	**三月ウマチー**	麦の収穫祭	—
	新暦4月5日頃から2週間	**シーミー(清明祭)**	親族が墓地に集い、先祖供養をする行事	48
旧暦4月	14日〜15日	**アブシバレー**	田畑の害虫を退治し、海に流す	52
旧暦5月	4日	**ユッカヌヒー(四日節句)**	ハーリーで豊漁と航海安全を祈願	54
	5日	**グングヮチ・グニチ(五月五日)**	アマガシを食べて、健康祈願と厄祓いを行う	56
	15日	**五月ウマチー**	稲の初穂祝い。イナグヌ・ウマチー(女のお祭り)	58
旧暦6月	15日	**六月ウマチー**	稲の収穫祭。綱引きなどで賑やかに過ごす	60

カジマーイの頃

旧暦1月

正月(ショウグヮチ)
ヒヌカンのお迎え
年頭の健康祈願
小正月
ジュウルクニチー(十六日)

旧暦2月

二月の屋敷の御願
二月ウマチー
シマクサラシ

旧暦3月

浜下り(ハマウリ)
春の彼岸(新暦3月)
シーミー(清明祭・新暦4月)

正月——若水で身も心も若返り、
新鮮な気持ちで新たな1年の始まりです。
年末に天に帰っていたヒヌカンを迎えたら、
今年の目標を決めて、御願立てをしましょう。
この世の正月に続き、あの世の正月も祝います。
旧暦2月は風も強く、海が荒れる日が多くなり、
ニンガチカジマーイ（二月の風まわり）と呼ばれる
風向きの定まらない突風が吹くことも。
海水がぬるんでくる旧暦3月は、浜におりて禊《みそぎ》をします。
新暦4月のシーミーは、先祖と一緒にピクニック。

旧暦・新暦1月1日

正月(ショウグヮチ)

年の始めに若返りをはかり
1年間の健康や子孫繁栄、所願成就を願う

男の子たちが近くの川や井戸に「若水」を汲みに行く——これが昔の正月・朝一番の風景でした。近年では朝、最初にひねる水道水を若水としてヒヌカンや床の間に、仏壇には熱いお茶にして供え、前年の平穏に感謝し、新たな1年の家族の健康などを祈願します。

若水は「スディ水」ともいわれます。「スデル」とはヘビの脱皮や雛の孵化《ふか》のように、再生と新生を意味する言葉。そのことから若水には若返りの効果があるといわれています。

徳利《とっくり》に入れて、年頭挨拶のときに男性か年長者が中指に取り、家族の額(眉間)に3回、ウビナディ(指撫で/左ページの図参照)。これでスディ水を浴びるのと同じ効果が得られると信じられています。また、飲んだり、手足を洗ったりしても同様の効果が得られるとか。

新年が明けると1歳年をとりますが、沖縄ではこんな挨拶で新しい年を迎えます。

「いい正月でーびる。若くないみそうち」

(よいお正月ですね。お若くなられましたか?)

ウビナディの図
中指に若水などを取り、
相手の眉間につけます。
これを軽く3回。
トン
トン
トン

しーぶんコラム

午後は女性の安息時間!?

正月1日の午後からは年始参り。沖縄では、女性が年始参りをすると「カリーヤンジュン(果報をこわす)」といって嫌われるので、男性の役目になっています。男尊女卑みたいだけれど、この習慣に込められた本当の意味は別。年末年始は普段以上に忙しい女性に対して「正月くらいは、ゆっくり休みなさいね」という、やさしさの表れだといいます。

永遠の若さを得たヘビと百日紅

昔々、たいそう働き者の男がおりました。天の神様は彼にほうびを授けようと、水をたたえた桶を使者に託し、その男に届けるように命じました。

使者は桶を担いで天界から降りてきましたが、なにしろ長い旅です。「ちょいとひと休み」と、大きな百日紅（さるすべり）の木陰で横になったところ、うっかり寝入ってしまいました。そこへ木の上からヘビがシュルシュル。その尻尾が桶に当たり、倒れた桶からこぼれ出た水をかぶったヘビと百日紅は、脱皮をし始めました。天から授けられた水は「若返りの水」だったのです。ヘビと百日紅は、働き者の男の代わりに永遠の若さを得ることになりました。

桶に少しだけ残った「若水」。その後、天の神様はこれを年に一度、大晦日の深夜に各集落に配ることにしましたとさ。

※　　　※

若水は、汲み上げてすぐのときが最高の力を宿しているとされています。水を運ぶ最中に、持ち手を替えると若水の効果が分散されるので、若水は力のある男の子が汲み、持ち帰る途中で桶を持った手を替えてはいけないといわれてきました。また太陽の力も授かれるように、初日が昇る東の方角を向いて汲むように教えられてきました。

旧暦1月4日

ヒヌカンのお迎え

年末年始に天に帰っていた
火の神様・ヒヌカンを迎える日

いつも家族を見守っているヒヌカンは、年末から年始にいったん天に帰るといわれています。天では去年1年の家族の出来事をすべて報告し、新たな年の課題などが話し合われるそうです。その結果、新年の家庭の出来事予定が記された帳簿が作られます。この日は、ヒヌカンがその**新しい「帳簿」を持って天から戻ってくる日。**

香炉のまわりを念入りに掃除し、ヒヌカンが無事戻ってこられるよう、線香で階段を作りましょう（114ページ参照）。無事迎えられたら、すぐに今年1年の願いを立てる「タティウガン」も行います。「1年の計は元旦にあり」と同様、ヒヌカンにも今年1年の目標を報告し、力を貸してもらえるよう祈ります。

旧暦1月2日〜13日
年頭の健康祈願

新年最初に巡ってくる自分の干支の日に
家族が行う健康祈願

正月2日から約2週間、気にかけたいのが、家族の生まれ年と同じ「干支の日」。旧暦付きカレンダーを見るとわかるように、「日」にも「子《ね》」や「丑《うし》」など十二支（干支）が当てはめられています（63ページ参照）。

今年最初の生まれ干支の日に行う健康祈願。

これは「マドゥ・トゥシビー」といって、家族がその人の1年の健康をヒヌカンと仏壇に祈願します。十二支にはそれぞれの守り本尊があり、例えば子年なら千手観音《せんじゅかんのん》、丑年と寅年は虚空蔵菩薩《こくうぞうぼさつ》などと決まっています。守り本尊をミフシ（御星）、あるいはウチカミといい、マドゥ・トゥシビーは、それぞれのミフシに直接お願いするのと同じ意味を持ちます。そのため、普段よりも願いが通りやすいと考えられています。

この祈願は、自分と同じ干支の人が行うと星運を取り合うことになるので、同じ干支の人の御願は避けます。自分自身の祈願も家族のほかの人にお願いしましょう。

十二支の守り本尊

子	丑 寅	卯	辰 巳	午	未 申	酉	戌 亥
千手観音（せんじゅかんのん）	虚空蔵菩薩（こくうぞうぼさつ）	文殊菩薩（もんじゅぼさつ）	普賢菩薩（ふげんぼさつ）	勢至菩薩（せいしぼさつ）	大日如来（だいにちにょらい）	不動明王（ふどうみょうおう）	阿弥陀如来（あみだにょらい）

首里十二カ所には、十二支各々の守り本尊がまつられています。詳細は92ページ参照

しーぶんコラム

生まれ年は厄年

自分の生まれ年の干支と同じ干支の年は、沖縄では厄年とされています。一般的に「トゥシビー」などと呼ばれ、親戚縁者が盛大に祝うので、めでたい年だと勘違いする人がいるかもしれません。ですが、みんなで賑やかに過ごすことで厄を祓《はら》うのが生年祝いの本来の意味なのです。厄をひとりで負うより、みんなで分け合ったほうがいいというユイマール精神の表れですね。

小正月

神様とともに過ごす
正月最終日

元旦から15日までは、まさに正月祝い期間。私たちが新年を祝うだけでなく、この時期は「神様たちの正月」でもあります。つまり、人間と神様が一緒になって正月祝いを満喫する期間。年の始まりの楽しい思いは、その年を通して続くといいますから、

小正月までは神様とともに朗らかに過ごしましょう。

元旦が「大正月」と呼ばれるのに対して、お祝い気分もそろそろ覚めてくる頃を「正月小（ショウグヮチグヮー）」といいます。15日にもなると、神様もすっかり満足、お祝い気分もお腹一杯に。ここいらで正月納め、となるのが「小正月」。

旧暦1月15日の小正月は、新年最初の満月の日。天の門が大きく開くこの日に、神様たちはいったん天に戻るといわれています。その後に、いままで控えていただいていた先祖たちとお祝いする「ジュウルクニチー」（36ページ参照）へと行事は続きます。

正月行事は沖縄でも地域によって呼び名や風習がさまざまですが、1月7日の「ナンカヌス

ク（七日節句）」には多くの地域で、菜雑炊（ナージューシー）を作り、ヒヌカンや仏壇に供え、家族の健康を祈願します。また、20日は「ハチカショウグヮチ（二十日正月／送り正月、終わり正月）」といい、正月飾りをすべて片づけ、仏壇やヒヌカンにも正月が終わったことを報告し、日常の生活に戻っていきます。

ヒヌカンのお正月飾りも15日を過ぎたあたりで片づけましょう

しーぶんコラム

二十日正月に甕を洗う

ハチカショウグヮチは、正月が完全に終わったとする区切りの日。15日を過ぎれば正月飾りを片付け始めるところもありますが、20日までに片付ければOKという猶予期間だと考えてもいいでしょう。昔は年末につぶした豚をスーチカー（塩漬け）にしていましたが、これも20日までに食べ尽くし、スーチカー甕《かめ》を洗いました。正月のうかれ気分は、これで終わりだと宣言する意味もあったそうです。

旧暦1月16日
ジュウルクニチー（十六日）

墓前に集い、先祖と一緒に祝う
グソー（あの世）の正月行事

神様と人間が一緒に祝う旧暦1月15日までは神聖な期間。16日からは仏事が許されます。初日に当たるジュウルクニチーは「あの世の正月」といわれています。「あの世とこの世では反対の現象が生じる」という反転説に照らし合わせると、この世の月が欠け始める16日は、

あの世の月が満ち始める日。だから「グソーの正月」

とみなす説もあります。

お墓に親族が大集合して、あの世の晴れの日をお祝い。仏事用のごちそうを供え、グソーのお金であるウチカビ（102ページ参照）を焼いて先祖供養を行います。

特に盛んなのは、宮古島や八重山諸島、沖縄本島のやんばる地域。島外などに移住している人も、この日だけは必ず帰省するというほどの熱心さです。帰省できない場合には、「お通しどころ」である那覇の「三重城《みーぐしく》」で重箱を広げ、故郷の祖先に向かって遥拝することも珍しくありません。遠く離れていても、祖先を大切に思う心はグソーに届いているのでしょうね。

石垣島のジュウルクニチー。墓前にごちそうをお供えし、みんなでウチカビを燃やします

しーぶんコラム

仏の世に馴染むにも3年!?

那覇などでは三年忌までの故人がいる家のみジュウルクニチーを行います。墓参りのほかに法事も行い、客が焼香にもやってきます。3年以内に亡くなった仏をミーサー（新仏）と呼びますが、ミーサーはあの世のしきたりに不慣れなのだとか。ベテラン仏に導いてもらわなければ、グソーの正月を祝うこともできないのだといいます。ジュウルクニチーに墓参りをするのは、先輩にミーサーを導いてもらうよう、お願いをする意味があるそうです。

旧暦2月1日〜10日

二月の屋敷の御願

今年の目標を決めて、
土地の神様に願い立てをする

沖縄では「土地は神様からの借り物」だと考えられています。現実社会でがんばってローンを組んで買った土地だとしても、そこには元々住んでいた神様がいて、人間たちと共同生活をしているといわれます。ですから日頃から借り物として大事に使い、清潔に保つことで、神様との円滑な共同生活ができるのだそう。

家や土地にはそれぞれに神様が配置されています。門なら門の神様、トイレにはトイレの神様（フールの神様）、台所にはヒヌカンというように、得意分野によって守備範囲を決めているとのこと（詳細は120ページ参照）。旧暦2月、8月、12月には、日々のお礼と土地に滋養を付けるため、そして神様へ税金を納めるために「屋敷の御願」をします。2月は上半期をお願いする御願。今年の目標を立てる意味で、

土地の神様に願い立てをする「タティウガン」

を行います。「屋敷の御願」のやり方は118ページで紹介します。

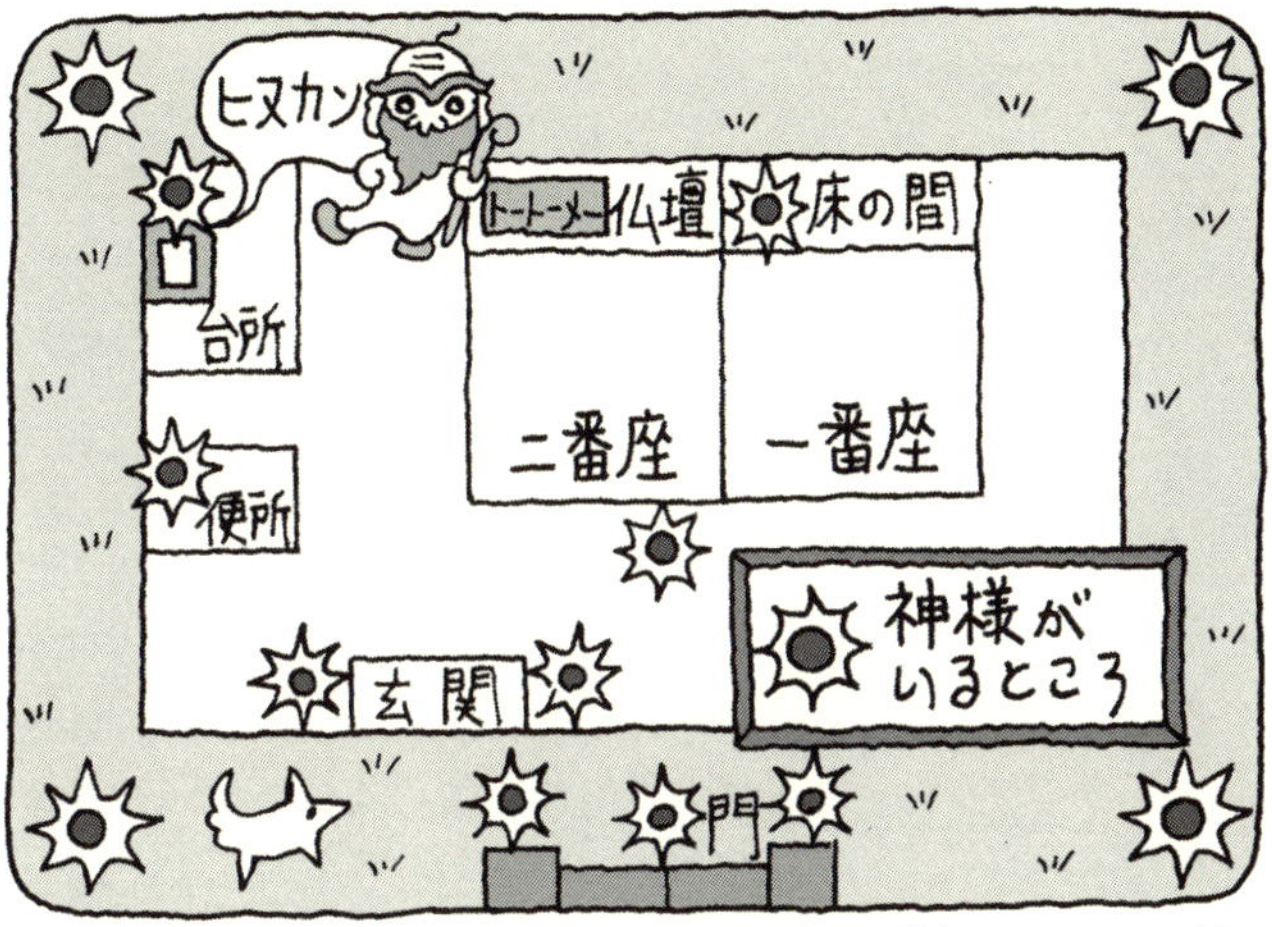

屋敷の神様の配置図、詳細は120ページを

しーぶんコラム

屋敷の御願の日取り

2月、8月、12月とも、「屋敷の御願」の日取りは、期間内の「御願する家庭の大黒柱と御願する人の干支の日を避けて」選びます。御願をプロに頼む人もいるようですが、これは日常的に自分でやるべき掃除をプロの掃除屋さんに頼むのと同じようなもの。不慣れでも、自分で真心を込めて行えば、神様だけじゃなく、家族にも気持ちが伝わります。

旧暦2月15日

二月ウマチー

麦の初穂祝いと豊穣祈願
集落の繁栄祈願

いまは行うところも少なくなりましたが、村ごとに作物の豊穣祈願・感謝、繁栄祈願をしたのが「ウマチー」。「お祭り」が転じてこう呼ばれます。2月と3月のウマチーは、神様たちが集まって今年の作物の出来高を相談する会議が行われるといわれています。この日は昔から、

針仕事や畑仕事が禁じられていました。

というのも、ウマチーには神々がニライカナイから各集落の山や海の御嶽《うたき》に集まってくると伝えられていたから。いつ、どこで、見えない神様を針で刺して縫いつけてしまうかもしれない。大事な会議中に人間が山に入ってうるさくすると邪魔になる。それらを避けるために、こうした物忌《ものい》みが設けられていたのです。

この時期は「ニンガチカジマーイ（二月の風まわり）」も吹き荒れます。カジマーイ（時計まわりの風）がいきなりムリーカジマーイ（反時計まわりの風）に変化するその様は、海人《うみんちゅ》でも驚くほど。物忌みは「こんな時に海や山や畑に出ては危険」を知らせてもいるのでしょう。

しーぶんコラム

出雲でも「お忌み荒れ」

全国各地から八百万《やおよろず》の神々が出雲大社に集まる旧暦10月。全国ではこの月を「神無月《かんなづき》」というのに対し、出雲地方では「神在月《かみありづき》」と呼びます。この時期の出雲は、ニンガチカジマーイと同じく、台風並みの低気圧に襲われて海が荒れるとか。これを「お忌《い》み荒れ」と呼ぶそうです。「神様が来ると荒れる」というのは、沖縄も出雲も共通なのですね。

旧暦2月上旬

シマクサラシ

悪いものを肉でおびき寄せ
集落の入り口で追っ払う行事

沖縄でも寒さが厳しいこの時期、風邪などの悪い病気が流行らないようにとの願いを込めた集落行事がシマクサラシ。集落の四方の入り口に左撚《よ》りの縄をかけ、悪疫をおびき寄せるために肉をぶら下げます。かつては生き血をしたたらせた肉を使ったといいますが、近年では県産ハムで代用する地域もあるよう。

左撚りの縄には魔よけ効果があり、嫌なものを「外す」

肉につられてやってきた病魔を、結界をはった左縄で跳ね返し、やっつけようという発想。病魔にしたら、「ヒザカックン」状態の情けなさ⁉

現在でも公民館などを中心に、集落ごとにシマクサラシはけっこう行われています。女性たちが大きな鍋で作った肉汁を根屋《にーや》（村の祖の家）や殿《とぅん》（祭祀場）に供えたあと、集落の人々が「クンチ（体力）をつけよう」と、わけ合って食べながら賑やかに過ごします。一緒に笑い合う――これには団結力を強め、体の免疫力を高める効果もあるといいます。

しーぶんコラム

忌みの左縄、祝いの右縄

縄には左撚りと右撚りがあり、それぞれまったく異なる意味を持っています。左綱（ヒジャイナー）は「忌み」、つまり嫌なものを「外す」綱。横から見ると「入」という字に似ていますが、「ヤナムンを一度入れて（捕まえて）外す」というわけ。魔物に狙われやすいとされる出産時にも、産室の入口に左縄をかけて魔除けにしていたそうです。逆に右綱は「祝い」の意味。右利きが作る右綱は強く撚れるので、日常の作業用としても使われます。

旧暦3月3日

浜下り（ハマウリ）

海辺で身を清め、潮干狩りで楽しく過ごす
女性たちの楽しい行事

女性たちがごちそうを持ち寄り、潮干狩りや海遊びに興じる日。満ち潮の大きい秋の大潮に対して、春の大潮は引き潮が大きいので潮干狩りにぴったりです。昔から、

砂浜を歩いたり手足を海水につけるだけで禊《みそぎ》ができる

といわれています。海に着いたらまず海水でウビナディ（29ページ参照）をして「これからも健康でいられるよう、悪いモノから守ってください」と祈りましょう。もともとは身の穢れを海に流す意味があり、大きく潮が引くこの日に流せば、はるか遠くまで流れていくそうです。

浜下りでは、サンゴや海砂を持ちかえって庭にまくのも厄祓いになります。庭だけでなく、墓や御嶽にも敷いてあるのを見たことがあると思います。海は元来、魔除けや禊ができる場所。悪いことが起る前兆を知らせるスーサー（ヒヨドリ）が家に入ったとき、海で手足を清めたり、庭に海砂をまいて厄祓いをする習慣もあります。海の力を借りて、ヤナムン（魔物）から身を守る。庭にサンゴを敷けば、ジャリジャリという音が泥棒よけに役立つという人もいますよ。

浜下りには三月グヮーシーも持って。海の産物と一緒にサンゴも少し持ち帰りましょう

しーぶんコラム

奇数が重なる吉日

奇数は「あまりがある」「よいことが入る隙間がまだある」として、縁起のいい数字とみなされています。

奇数が重なる1月1日、3月3日、5月5日、7月7日、9月9日は、奇数縁起にあやかる意味で、それぞれの行事を行うようになりました。

沖縄の3月は、海水もぬるみ始め、海遊びには最適の季節。そんな時期の吉日を選んで浜下りの習慣が定着したのでしょうね。

沖縄
むかし物語

アカマターが教えた
海で穢れを祓う法

海で穢れを祓う——これにはこんな言い伝えがあります。

昔々あるところに、村一番の美しい娘がおりました。その娘のもとに、夜な夜な忍び込んでくる美しい男がひとり。その男は住んでいるところも、名前さえも告げません。けれど、男のあまりの美しさに、娘は夢中になり、恋に落ちました。

やがて、男の子どもを身ごもった娘。それを知った両親は、娘に相手のことを問いただしました。「子どもまでつくっておきながら、名前も家も明かさないとは！」。不審に思った両親は、近所の物知りおばあちゃんに相談に行きました。「今夜現れたら、気づかれないように着物の襟足に糸を通した針を刺しておきなさい」と、男の正体を見破るための策を授けてくれました。

翌日、娘たちがその糸をたどっていくと、その先にあったのは大きな洞窟。中をのぞくと、大きなアカマター（ヘビ）が仲間と集っているではありませんか。人間の娘との間に子どもができたことを自慢気に話すアカマター。そのとき、仲間のひとりがこういいました。「でも、その女が海に入ると、お前の子どもは外に流されちまうんだ。海の水や砂は穢れをとるっていうからな」。これを聞いた娘は、すぐに海に向かいました。海水に浸かって身を清めると、アカマターの子どもは海に流れ出、はるか遠くのニライカナイに流されていきましたとさ。

新暦3月20日前後
春の彼岸

先祖を供養する行事

春分の日を中日とする春の彼岸は、中国から伝わり、王朝時代の士族の間で広まった先祖供養のための行事。本土では墓参りをするのが一般的だと聞きますが、沖縄では丸い皿などに盛ったごちそうを仏壇にお供えして供養します。もともと沖縄の習慣ではないせいか、家庭内の行事として、形式的に行っている人も多いようです。

先祖供養する機会は多いほどよい、との考えから、彼岸の行事を取り入れたのではないかという話も聞いたことがあります。

彼岸は年に2回。秋の彼岸は秋分の日（新暦9月20日頃）に行います。いずれも、日々の感謝と家族の健康を願って、先祖に手を合わせましょう。

新暦4月5日頃から2週間

シーミー（清明祭）

お墓の前に親族が集って大ピクニック
賑やかに過ごし、先祖を偲ぶ行事

沖縄中の人たちが大忙しになるのが春先のシーミー。二十四節気のひとつで、中国から伝来した先祖供養の行事です。墓前に門中《もんちゅう》が大集合して賑やかに過ごしますが、重要なポイントは、

墓の土地の神様にも感謝をすること。

墓は先祖の大切なおうち。自分たちの家や土地の神様に感謝するのと同じように、まずは先祖の家である墓の土地の神様にも感謝を忘れずに。

墓地の各所を守っている神様の代表として、墓の上座、つまり墓に向かって右側にいる「ヒジャイヌ神（墓の主である先祖から見て左にいる神様）」に線香12本とクバンチン（100ページ参照）を供えます。先祖が日々、心安らかに眠れていることに感謝し、これからもこの土地で成仏できることをお願いしましょう。それから先祖に線香やウチカビ（102ページ参照）を供え、みんなで重箱料理を囲んで。墓前で大勢の子孫が笑い、楽しく過ごすことで土地が活気づき、墓にヤナムンなどの悪い霊を寄せ付けなくなるといわれています。

墓掃除を終えたら、墓の右側にいらっしゃるヒジャイヌ神にまずご挨拶を

しーぶんコラム

シーミーは1日で終わらない

大きな門中に属しているおうちでは、シーミーの供養は近い先祖にとどまりません。まず、入りの日に先祖のルーツの墓に参る「カミウシーミー」を行い、門中やムートゥーヤー（本家）のお墓へ。後日、近いトートーメーのお墓参りを行います。だからシーミー期間は週末ごとにお墓参り、なんてことも。一族でバスを借りきって、墓から墓へと大移動する姿も珍しくないですね。

カーチーベーの頃

旧暦4月

アブシバレー

旧暦5月

ユッカヌヒー（四日節句）
グングワッチ・グニチ（五月五日）
五月ウマチー

旧暦6月

六月ウマチー

旧暦4月のアブシバレーからハーリーまでは、
海や山に立ち入ることを禁じられ、静かに過ごす時期。
海の神様のお祭り・ハーリーが終わる頃には梅雨が明け、
いよいよ、本格的な夏がやってきます。
カーチーベー（夏至南風）と呼ばれる風が吹き始め、
海がとても穏やかでマグリブーカァ（ベタ凪）になる季節。
稲の収穫祭である六月ウマチーになると、
各地で豊漁祈願や豊年祭の綱引きが行われ、
島中が活気づいてきます。

旧暦4月14日〜15日
アブシバレー
田畑の害虫を駆除し、海の彼方へ送り出す行事

夏本番を前に、農作物がすくすくと成長する季節。そんな時期に作物を荒らす害虫を退治し、豊作を祈る行事がアブシバレー。アブラムシやネズミなどは、作物にとっては迷惑な存在。けれども彼らにも命があり、なんらかの役目を担って生きています。

この行事では、捕まえた虫やネズミを単に殺してしまうのでなく、藁《わら》やクバで作った小舟に乗せてニライカナイへ送る儀式を行います。いまは子どもたちが虫を捕まえて海に流し、命の大切さを学ぶ機会としてアブシバレーを行う地域もあります。

また、この日からハーリー鐘が鳴るまでの期間は、

「ウミドメ(海留め)・ヤマドメ(山留め)」。

山や海に入ることが禁じられていました。これは琉球王府が定めたもので、この禁を破ると風害が起きると信じられていたとのこと。しかし真相は、この期間、漁や山の幸の収穫を控え、自然に任せることで、海や山の幸に大きく成長してもらうという意味があったそうです。

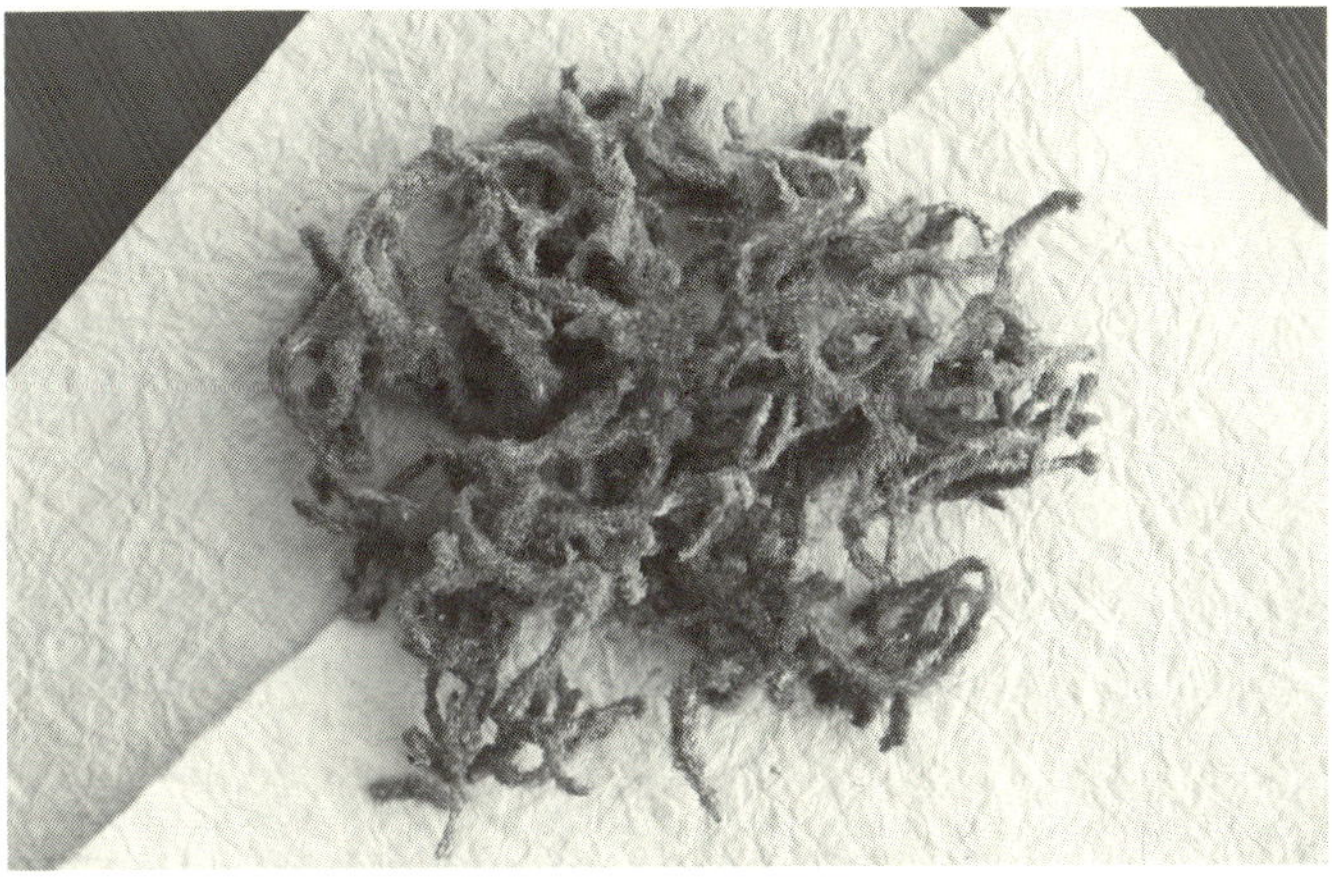

乾物で売られているナーチョーラー。一晩水で戻し、魚汁などにして飲ませられました

しーぶんコラム

身体の中も虫払い

アブシバレーが近づくと、ナーチョーラーの苦～い味を思い出す人も多いのでは？　ナーチョーラー（海人草。別名＝マクリ）には虫下し効果があるといわれ、時期になるとマチヤグヮー（商店）に並ぶほど一般的な食材でした。ナーチョーラーをコトコト煮込んだ汁は、鳥肌が立つほどの苦さ。虫さえ逃げ出すシンジムン（煎じ物）で、身体の中のアブシバレーも行っていたのですね。

旧暦5月4日

ユッカヌヒー（四日節句）

豊漁や海の安全を願うお祭り ハーリーの日

1年の漁の吉凶を占い、航海の安全を祈願するユッカヌヒー。この日と翌5日はかつて、子どもたちにとって「盆と正月」がいっぺんに来たようなうれしい日でした。年に一度「玩具市」が並び、好きなおもちゃを買ってもらえる日でもあったのです。

実はこの日、もともと「厄日」でした。

「世果報《ゆがふ》」をしこたま積んだハーリー舟で賑やかにドラを鳴らすのも厄祓い。子どもたちにおもちゃを買って喜ばせ、元気な声を響き渡らせるのも厄祓い。かつては、その1年の間に産まれた赤ちゃんを厄から守る意味で「ウッチリクブサー（起き上がりこぶし）」をプレゼントする習わしもありました。贈るのは主に母方の女性親族。特に母親の姉妹から贈られる品はウナイからのお守りとして大事にされたのです。

海の祭りの日に、海にまつわるウナイ（62ページ参照）からの贈り物。「七転び八起き」の願いがこもった赤ちゃんへのウッチリクブサーは、いまの時代にも残したい習わしです。

焼き立てが最高のちんぴんと、最近、贈り物として復活してきたウッチリクブサー

しーぶんコラム

ユッカヌヒーの特別おやつ

この日のおやつの定番といえば、白味噌がきいた「ポーポー」と黒砂糖の甘さが上品な「ちんびん」。贅沢が許されなかった時代の子どもたちにとっては、特別なおやつでした。味覚の記憶は、行事や季節としっかり結びついているもの。スーパーでなんでも買える現代も、この日ぐらいは手作りして伝えていきたい沖縄の味のひとつですね。

旧暦5月5日

グングヮチ・グニチ（五月五日）

暑さに向かう時期の健康祈願と厄祓い

縁起のよい奇数の並ぶ5月5日、あまがしを作ってヒヌカンや仏壇に供え、厄を祓い健康を祈ります。あまがしは、小豆と緑豆と押し麦を黒砂糖で味付けしたぜんざい。ほどよい甘さで栄養価も高く、大人も子どもも大好きです。おばあちゃんは「豆は身体のクーラーよー」と教えてくれましたが、緑豆には体の内熱を取る効果があるといわれ、漢方薬にも利用されています。これから暑さが厳しくなる沖縄にぴったりの食べ物です。

あまがしに欠かせないのが菖蒲《しょうぶ》。沖縄の菖蒲は「ニオイショウブ」と呼ばれるもので、噛むとシナモンのようなさわやかな香りが口いっぱいに広がります。抗菌作用もある植物で、これをスプーン代わりに使って、暑さに向かう季節に起こりがちな食中毒を予防していたのですね。

「菖蒲は神様からもらった守り刀」

といわれています。剣を連想させる菖蒲の鋭い葉先、これでヤナムンから身を守ってもらうというわけ。さらに菖蒲の香りは、邪気を祓うとも伝えられています。

スプーン代わりに菖蒲を添えて。シナモンのような香りは、口臭予防効果もあるとか

しーぶんコラム

菖蒲でハブ避けまじない

昔語りにこんな話があります。

ハブの魔物に追われた子どもが逃げ惑っていると、どこからともなく「こっちこっち」という声が……。声に導かれて草むらに逃げたところ、あたりの葉っぱがスルスルと伸びて子どもの姿を覆い隠し、魔物から守ってくれました。それが菖蒲の葉だったのです。

この話から、菖蒲は魔物から子どもを守ったり、ハブ避けの力があると信じられるようになったそう。

旧暦5月15日

五月ウマチー

稲の初穂を供えて、豊作祈願
イナグヌ・ウマチー（女のお祭り）

2月、3月、5月、6月と、年4回のウマチーのうち、もっとも盛大に行うのが5月。この日を挟んで数日は、針仕事や畑仕事、漁や山仕事が禁じられる「ウミドメ・ヤマドメ」。そのため、昔はこれといった仕事がありませんでした。なので嫁いだ女性は実家に帰り、元気な姿を見せて親を安心させる日になりました。いったん嫁いだ女性がいまほど自由に実家に戻る機会がなかった昔は、どれほど貴重で心弾む1日だったでしょう。

いまでも五月ウマチーの里帰りを楽しみにする女性はけっこういると思います。当日はまず、嫁ぎ先の門中の本家に出向いて。三十三回忌を終えた先祖神、いわば「血脈のある神様」がまつられる神棚にお菓子などを供え、家族の繁栄を祈ります。その後、本家が供えたごちそうをウサンデーして（お下げして）実家に持ち帰り、家族とともにいただきます。これは、**特別なカリー（嘉例）を身体に取り込む「食べるお守り」。**五月ウマチーには欠かせないしきたりです。

この月のウマチーは、嫁ぎ先で何不自由なく暮らしていることを親兄弟に伝えるため、精一杯、華やかに着飾って出かける「イナグヌ・ウマチー（女のお祭り）」。自分で日々コツコツと貯めたお小遣いで、この日のためにアクセサリーなど身に付けるものを買うのも、お守りになるといわれています。

しーぶんコラム

本来は集落で行う行事

年に4回あるウマチーは、いずれも豊作への祈願や感謝を主とした集落全体での行事でした。農業に携わる人が少なくなった現在では、門中を中心とした行事という印象が強くなりました。

古くはノロが集落の御嶽に稲穂や神酒《みき》を供え、「ウタカビ」という祝い歌を歌うなどして、集落全体のために御願をするのが一般的でした。

旧暦6月15日

六月ウマチー

稲の収穫を祝い、実りに感謝する
各集落での綱引き行事

いよいよ稲の収穫祭です。稲穂を神仏に捧げて豊作を土地の神様に感謝します。六月ウマチーは物静かに過ごすほかのウマチーとは異なり、ウミドメ・ヤマドメはありません。逆に集落で綱引きなどを行い、村全体が笑い興じて厄除けをしたといいます。

綱引きの綱は龍神《りゅうじん》。つまり福を引っ張り合う

ことを意味します。

東の男綱と西の女綱に分かれて引き合いますが、西が勝つと「その年は豊作」、東が勝つと「その年は安泰」だそう。どちらが勝ってもめでたいのは、白黒をはっきりつけない沖縄らしい風習ですね。集落の人々が協力し合って綱引きを行うことで、団結も図られ、互いに助け合うユイマール精神を受け継ぐ意図もあったといいます。

沖縄の稲は二毛作なので、収穫への感謝と同時に、年内にもう一度迎える実りの時期の豊穣への願いも込めた行事です。

しーぶんコラム

収穫の次はお供え

収穫祭に引き続き、旧暦6月25日は「六月カシチー」。新米でカシチー（強飯）を作り、ヒヌカンや仏壇、床の間に感謝の祈りをします。

カシチーは年に2回、旧暦6月と8月にありますが、6月にお供えするのは白米だけの「白カシチー」。豆の収穫期の「八月カシチー（旧暦8月10日）」では、小豆を入れた「赤カシチー」を作って、神仏に供えます。

「ウナイ」にまつわる普天満宮の女神のお話

琉球八社のひとつ「普天満宮」の女神が人間だった頃のお話。娘は日がな一日、機織(はたおり)をしながら暮らしておりました。ある日のこと。いつものように機織をしていて、急な睡魔に襲われた娘。ウトウトしたかと思ったら、いつの間にか荒れ狂う海の上空を、まるで鳥のように旋回していたのです。

海に目をやると、転覆しそうな船が一艘、木の葉のように波間に見え隠れしています。目を凝らすと、それは漁に出ていた自分の父と兄の乗った船でした。

慌てて手を伸ばし、兄を助け出します。次いで父に手を伸ばそうとした瞬間、母に揺り起こされて目が覚めました。

その夢からしばらくして、娘のもとに父と兄の遭難の知らせが届きます。兄はかろうじて助かりましたが、父が戻ることはありませんでした……。

御船の高ともに　白鳥や居ちょん
白鳥やあらん　うみないおすじ
(船に白鳥が留まっているよ。いいや、あれは白鳥じゃない。
ウナイ神が航海を見守っているんだよ)

※　　　　※

女性には霊力があると伝えられてきた沖縄。これはその「ウナイ神信仰」を表す言い伝えのひとつです。

うーとーとー
コラム

日にも方位にも
子・丑・寅…の十二支

「子（ね）・丑（うし）・寅（とら）・卯（う）・辰（たつ）・巳（み）・午（うま）・未（ひつじ）・申（さる）・酉（とり）・戌（いぬ）・亥（いのしし）」――「干支（十二支）」といえば、まず思い浮かぶのが、2008年が「子年」、2009年が「丑年」など年の干支。実は「年」だけでなく、月、日、時刻、方位にも十二支が当てはめられています。

時刻でいえば、「午の刻（昼12時頃）」や「丑三つ時（深夜3時頃）」といった言葉を聞いたことがあるはず。旧暦付きカレンダーを見るとわかるように、日にちにもそれぞれ「子」「丑」など十二支が当てはめられています。方位の干支は「子」を真北に置いて、360度を12分割して示されます（下記の図を参照）。

御願ごとでは特に生まれた年、日、方位の干支が重要になります。例えば「屋敷の御願」。行う日取りには干支が影響します（39ページ参照）。また、家の敷地には十二方位それぞれを守っている十二支の神様がいると考えられていて、それらの神様に感謝するのも、この御願の重要なポイントです。

「日、方位にも干支」、このことは頭に置いておきましょう。

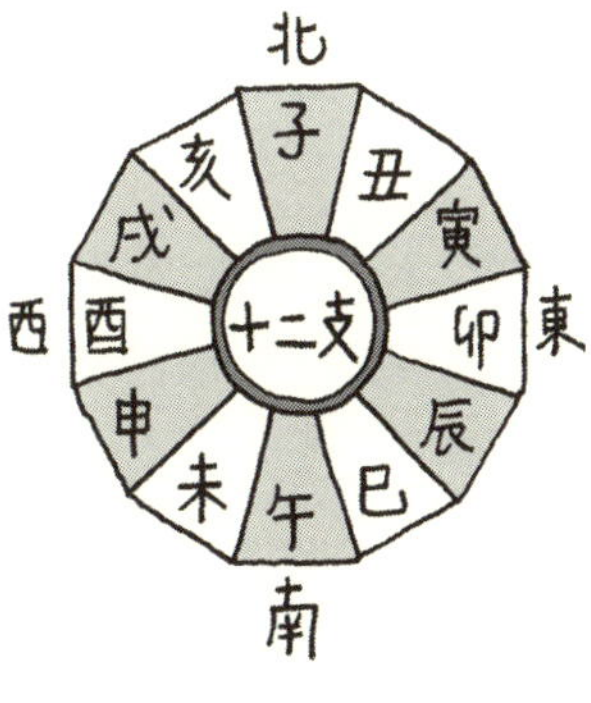

ミーニシの頃

旧暦7月

タナバタ（七夕）
旧盆・ウンケー
旧盆・ナカビー
旧盆・ウークイ

旧暦8月

トーカチ
八月の屋敷の御願
十五夜（ジューグヤー）

旧暦9月

カジマヤー
菊酒（チクザキ）

旧暦7月は、1年で最も日差しが強くなり、
ウフカジ（大風・大きな台風）が多い頃。
沖縄で最大の年中行事、お盆の季節が到来します。
1年ぶりに戻ってくる先祖を心からもてなしましょう。
旧暦8月は、お盆が終わっても帰らなかった
ヤナムンたちがウロウロする時期。
シバサシでしっかり防御して、安心して暮らしたいもの。
トーカチやカジマヤーの長寿祝いも
暑さがやわらぐ、この季節に行います。
月がいちばんきれいな十五夜は、月の恵みに感謝！

旧暦7月7日

タナバタ（七夕）

墓掃除をして、先祖にお盆の案内をする日

沖縄の人々は年中行事だけでなく、引っ越しや海水浴など、なにをするにも「お日柄」を気にします。そんな沖縄でなにをしても許される、吉凶を選ばない唯一の日が旧暦の七夕です。

「ヒーナシ・タナバタ（お日柄を選ばない日）」

と呼ばれ、結納や結婚、引っ越しなどの大きな行事のほか、日取りにさまざまな制約があるお墓の移転もＯＫ。昔は墓での洗骨《せんこつ》もこの日に行っていました。

沖縄の七夕は、「織姫と彦星」の星祭りの意味合いはなく、お盆に備えて墓の掃除をする日。里帰りの日を楽しみにカウントダウンしているご先祖を想像すると、墓掃除にも精が出るというもの。さっぱりしたお墓に花と水を供え、「今日は七夕です。１週間後のウンケーの日には、皆さんそろって家に帰っていらしてくださいね」と先祖に案内し、手を合わせましょう。

またこの日は「ナンカティィダ（七日太陽）」と呼ばれる陽気の日。１年のうちで日差しが最も強いといわれ、かつては各家庭で衣類や本の虫干しも行いました。

しーぶんコラム

先祖の骨のお世話

火葬が普及する前の沖縄では、亡骸を墓に収めて一定期間、安置しました。その後、白骨化した遺骨を取り出して洗い清める改葬儀礼を「洗骨」と呼びます。日取りは地域によっても異なりますが、七夕の日に行うのが一般的な慣習でした。洗骨儀礼に参加するのは親戚に限られ、遺骨を洗い清めるのは、肉親の女性の仕事とされていました。洗骨後の遺骨は厨子甕《ずしがめ》に収めて安置したのです。

旧暦7月13日

旧盆・ウンケー

お盆の入りの日
1年ぶりに里帰りする先祖の精霊迎え

1年のなかでも最大のビッグイベントといえば旧盆。地域や門中、家庭によって、それぞれのしきたりがありますが、大切なのは「里帰りする親《うや》ファーフジ（先祖）を歓待し、気持ちよく過ごせるよう、丁寧に接待すること」。ウンケー（お迎え）からウークイ（お送り）まで3日間。この短い滞在期間にいい子孫ぶりを発揮できれば、親ファーフジが子孫を守護する力がアップするといわれているので、心を込めておもてなしをしましょう。

お盆に限らず、トートーメーの前でため息をついたり、心配事の報告は厳禁。親ファーフジが心配するからです。1年ぶりにおうちに帰ってきた先祖が、

子孫と楽しい時間を共有できるよう心がけること。

これこそが、守礼の邦のしきたりですね。お迎えの時刻はアコークローの頃（薄暗くなってくるたそがれ時）がいいとされています。それまでに仏壇の掃除をして、お供えなどの飾り付けをします。早めに提灯や外灯を灯して家を明るくして、ウンケージューシーでもてなしましょう。

お盆のお供え

❶花／亡くなった人は先のとがっているものを嫌うので、トゲのある花は避ける
❷ 茶／とがった茶柱が入らないよう注意
❸ 酒／生前の好みのものを。泡盛は古酒ではなく、新酒(一般酒) を
❹水
❺ たばこ等／生前好んだ嗜好品もお供え
❻ 果物／スイカは「頭」の意味もあるので上段に。ガンシナ(ドーナツ型の敷物) を使って安定させる。バナナ、ミカン、リンゴは三方にのせて下段に
❼ ショウガ／果物の頂点に飾る。抗菌効果のある香りでヤナムンから果物を守るためといわれ、小バエ対策も兼ねる
❽ 提灯／盆の間は仏壇をいつも明るく
❾ ガンシナ／先祖があの世にお土産を持って帰る際に使う
❿ さとうきび(グーサンウージ) ／先祖があの世に帰るとき用の杖。倒れても自ら起き上がる習性を持ったさとうきびの杖で、先祖が転ばぬように
⓫ ソーローバーシー(メドハギの枝で作った箸) ／ 3日間使用する仏様用の箸。吉数分(5、7、8など) 準備する
■玄関に用意するもの■
◎ミンヌク／誰も弔う人がいない無縁仏のためのお供え物。小さく切った田芋やかまぼこなどを供える
◎水を張ったボールとメドハギの箒／遠路やってきた先祖が足の汚れを払うために

旧暦7月14日

旧盆・ナカビー

お盆の中日
仏壇の前にそろって、昔話に興じる日

お盆の期間、親族はお中元を持って元気な顔を親ファーフジに見せに回ります。お中元は仏壇に供えますが、**「御香《うこー》どぅ孝行《こーこー》」**、物を持って来なくても、線香をあげる気持ちが「孝行者」と喜ばれるのです。先祖は品物につられるわけではなく、心をみるといいます。

親族を迎える立場の家庭も、久しぶりの血縁者の来訪を喜んで迎えたいもの。年長者を中心に親戚縁者で昔話をして、楽しい時間を過ごします。これは「話供養」といって、先祖へのなによりの供養になるそう。

お盆の3日間は、毎日3度の食事も供えましょう。

ナカビーのメニュー

朝
・ムジ汁 または みそ汁
・ごはん
・きゅうりの酢の物
昼
・冷ソーメン
・白玉団子
夜
・煮付け
・ごはん
・酢の物

旧暦7月15日
旧盆・ウークイ

お盆の最終日
家族そろっての精霊送り

親族が集うお盆も今日まで。親ファーフジがあの世に戻る日です。夜遅く、親族が全員そろったところで、親ファーフジを送る「ウークイ」を行います。あまり早い時間に送り出すと、ご先祖は淋しい思いをするのだとか。心を込めて精一杯もてなした先祖に「また来年会いましょう」と別れを告げ、気持ちよく帰ってもらうことが大切です。みんなで笑って見送る

「笑いウークイ」を心がけて。

ウークイのあと、本島中部地域などではエイサーが行われます。歌三線や太鼓とともに舞うエイサーは、先祖を見送るための盆踊りなのです。

最近、ウークイの夜にバクチクを鳴らす家庭も見受けられるようになりました。おそらく「ヨーカビー」（77ページ参照）と混同しているものと思われますが、バクチクはけたたましい音でヤナムンを寄せ付けないためのもの。静かにあの世に戻る日に大きな音をたてると、先祖はなにごとかとビックリします。バクチクは鳴らさないようにしましょう。

先祖を見送る ウークイの手順

準備するもの

ウチカビ

線香

ウチカビ焼き器セット

※そのほかに、クワズイモの葉(またはアルミホイル)、チャーギなどの葉物を用意

❶本家筋(長男)から順に、親族それぞれが線香(3本)を立てる。

❷全員で合掌した後、本家筋(長男) から順に、仏壇の前でウチカビを燃やす(ウチカビ焼き器セットを使用)。その上に、重箱の料理、てんぷらやコンニャクなどを少しずつちぎって置き、仏壇の酒や水、お茶を注ぐ。

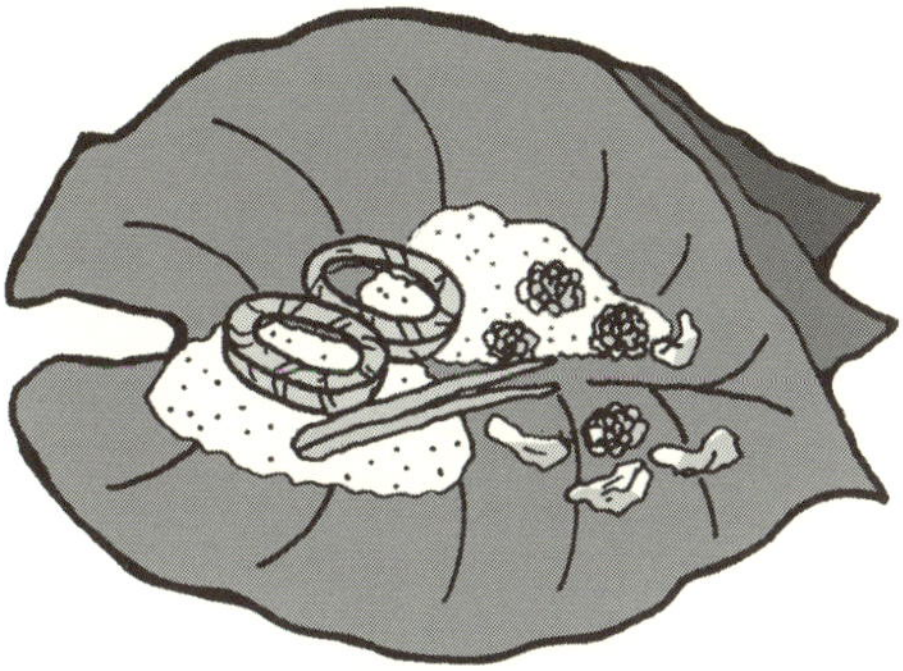

❸先祖に持たせるお土産を作る。クワズイモの葉を2〜3枚重ね、その上にウチカビ焼き器の燃え残ったもの、仏壇の香炉の灰の中の燃え残った線香、花、ソーローバーシー、ガンシナなどお盆用に仏壇に供えたものをのせて包む。

❹玄関に小机を出し、その上に仏壇の香炉、お中元、先祖へのお土産(上記)、仏壇に供えた果物などを並べる。さとうきびの杖も玄関へ。線香(3本×家族の人数分)に火をつけ、手を合わせ、「また来年もおいでください」と先祖を見送る。その後、家族の代表が先祖のお土産を門の外に置いて。家の中のお盆グッズはその日のうちに片づける。仏壇の花瓶にチャーギを飾り、お茶をお供えする。門外のお土産は翌日の朝、処分しましょう。

旧暦8月8日

トーカチ

八十八歳の長寿祝い

「八」が並ぶ8月8日にひっかけた、八十八歳の長寿祝い。本土では文字の形から「米寿《べいじゅ》」と呼ばれるお祝いですが、トーカチはその習慣を沖縄風にアレンジしたものといわれています。

トーカチとは「斗《と》かき」のこと。枡《ます》で米を計っていた時代、こんもりと山になった米を平らに切るのに用いた竹の筒を指します。お祝いの席に、山盛りにした米に斗かきを挿したものが飾られているのを見たことがある人もいると思います。

かつては年長者が長生きだと、子孫の寿命がその分だけ奪われるなどといわれ、長寿祝いで模擬葬式を行った時代もあったそうです。その一方で、お祝いの席では塩を盛る「塩祝い」も行われます。これには、

「親は塩に漬けてでも長生きさせたい」

という意味が込められているのだそう。いくつになっても、これが子世代の本心ですね。

トーカチの来客は長寿にあやかろうと、斗かきと縁起を担いだ土産を持ち帰ります。そのほ

か、長寿祝いのお土産の定番は、「喜ぶ（よろこんぶ）」にかけた酢昆布、百を意味する「桃」として沖縄のヤマモモ、島豆腐の薄切りを干して炙《あぶ》った「ルクジュウ」と呼ばれる祝料理など。ルクジュウは1枚で60歳を意味するので、必ず2枚セットにして「百二十までも長生きできるように」との願いを込めて供されます。

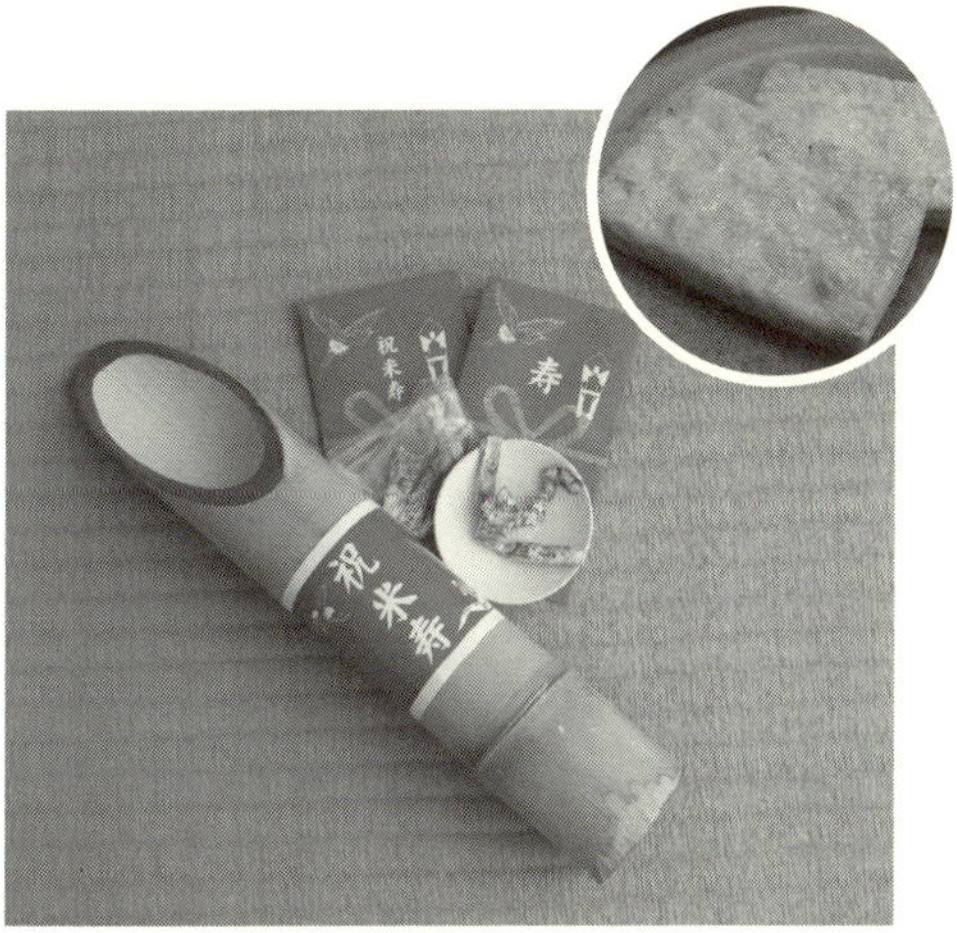

斗かきとポチ袋に入った酢昆布。写真右上は、炙った香ばしさが絶品のルクジュウ

しーぶんコラム

「トートートー」の由来

トーカチという言葉にはもうひとつ、「丁度」という意味もあります。「トー」という言葉、日常生活でよく耳にしますね。泡盛を注ぐとき、頃合いを見計らって「トートートー」といったり、いまがグッドタイミングだというときに思わず「トー、ナマヤサ！」と口から出たり。普段、何気なくつかっている「トー」は、「トーカチ」が由来だったんですね。

旧暦8月10日前後から2週間

八月の屋敷の御願

下半期の無事を土地の神様に願い
ゲーンを挿して土地の魔除けを行う

1年の後半の家族の無事を願って行う八月の屋敷の御願。2月（38ページ参照）と同様、家の中の神々に家内安全などを祈願します。8月の御願ではさらにススキと桑の葉で作った**魔除けの「ゲーン」で「シバサシ」を行います。**

この時期は、お盆が終わってもあの世に帰らなかった浮遊霊たちがうろついているのだそう。そこでゲーンを土地の四隅や門、井戸、トイレ、駐車場などに挿して、ヤナムンが入ってこられないように結界を張ります。

ゲーンに使うススキは葉の形が剣に似ているので、古くから呪力があるとされてきました。特にこの時期のススキは大きく育っているので、魔除けの力も強いと信じられています。桑の木は、地震や落雷から身を守る呪力があるとされているのはご存じの通り。雷のとき「桑木の下、桑木の下」とおまじないを唱えたことがある人もいるのでは。

呪力の強いススキと桑のダブルパワーでヤナムンを撃退する、これがシバサシです。

シバサシ用のゲーンの作り方

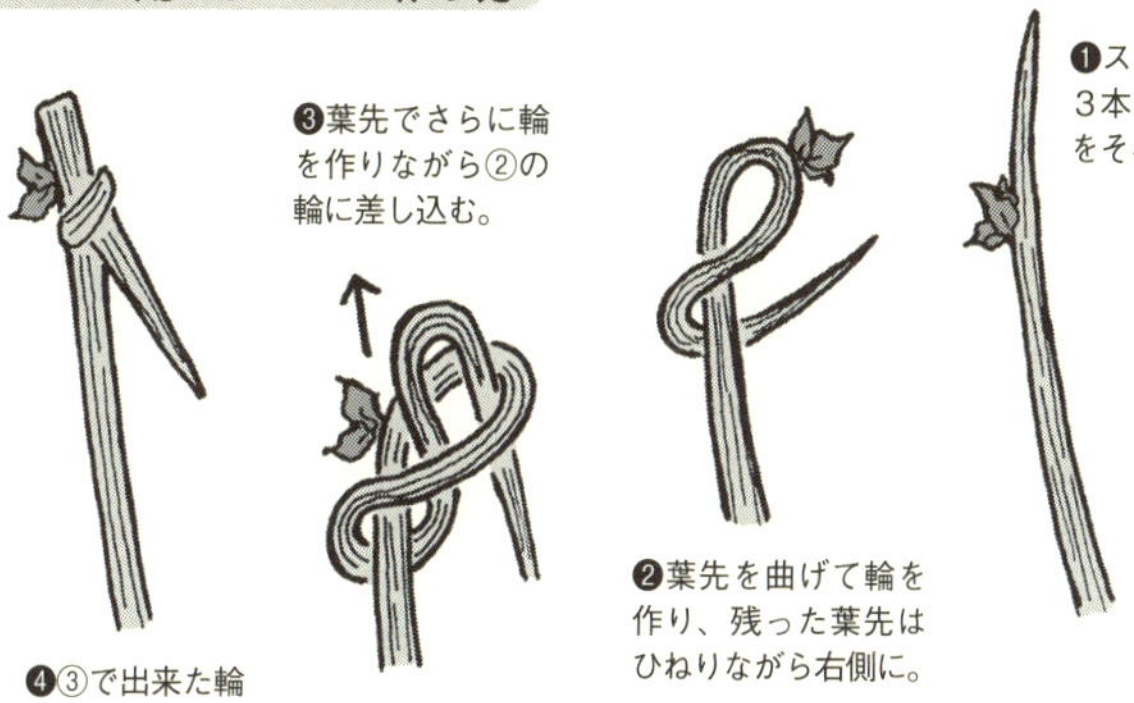
❶ススキの葉3本と桑の葉をそろえる。
❷葉先を曲げて輪を作り、残った葉先はひねりながら右側に。
❸葉先でさらに輪を作りながら②の輪に差し込む。
❹③で出来た輪を引っ張れば、出来上がり。

桑を使うのはシバサシ用だけ。通常のゲーンはススキのみ。やわらかいススキで作った小振りのものは「サン」で、魔除けなどに使う

しーぶんコラム

妖怪がウロウロ!?

旧暦8月8日~11日頃はヨーカビー（妖怪日）。帰りそびれた浮遊霊がウロウロしている時期で、火の玉がよく見えるとか。それが見えた家からは死者が出るといわれ、戦前までは集落の勇敢な男性が交代で見張りに立っていたそうです。最近は気にする人も少なくなりましたが、いまでも地域によってはバクチクを鳴らし、浮遊霊を撃退するそうです。

旧暦8月15日

十五夜（ジューグヤー）

月がいちばん美しく、最も力が強くなる日
八月踊りや芸能を奉納する

1年のうちで最も美しい十五夜の満月。月の放つ力も最大になるといわれています。太陽に感謝するのと同じように、月に感謝を込めて、八月踊りや棒術、獅子舞などを奉納します。

月の力が最強のこの日は、感謝が伝わりやすい

といわれます。気持ちを込めて、餅にまんべんなく小豆をまぶした「フチャギ」を神仏にお供えしましょう。このお菓子は、小豆が月のまわりの星を模し、昼も夜も人を照らす天体への感謝を表すとか、母と子どもたちを表して子孫繁栄を願うものなどといわれています。

十五夜までにシバサシやヨーカビー（76〜77ページ参照）を行いますが、それは月が満ちていく間にヤナムンの力を弱めておいて、満月の日にまとめて退治するためだそう。それらを一気に撃沈する力が満月には宿っているのだといいます。

さらに、この日の月明かりには、なんでも見通す力があるとされ、隠し事がバレやすい日だとか。善と悪を露呈する力があるというから、なにか心当たりのある方、気をつけましょうね。

しーぶんコラム

月明かりが照らすモノ

沖縄の言い伝えにこんな話があります。赤ちゃんの誕生祝に駆けつけた3人組。そのなかのひとりは、赤ちゃんの命を狙って人間に化けたマジムン（魔物）でした。うまく化けていましたが、マジムンが畳の十字になったところに座ると、十五夜の月明かりでできた影に、シッポが現れたのです。まわりの人がいち早くシッポに気づいたため、赤ちゃんは難を逃れることができましたとさ。

旧暦9月7日
カジマヤー

人生最後のトゥシビー（生年）祝い

数え年の97歳、8回めのトゥシビーに当たる長寿のお祝い。沖縄では12年ごとにめぐってくる自分の干支の年は厄年とされています（33ページ参照）。カジマヤーでは、

人生最後の厄を、盛大に祝って祓います。

今も昔も、「天の加護」がなければ迎えられないといわれるほど特別な長寿。あやかれますようにと、地域の人々が総出で祝い、風車（カジマヤー）などで華やかに飾ったオープンカーに乗って、集落を道ジュネーする風景を見たことがある人もいるはず。

トーカチと同じく、かつては模擬葬式を行う地域もありました。これには、一度死んだことにしてリセットする、という意味があったそう。葬式をして新たに生まれ変わり、そこからまた人生をスタートさせるというおまじないだとか。盆に山盛りにした米に風車を挿して祝うのも、風車で童心に戻ったことを表しているそうです。家族がヒヌカンや仏壇に「健康願い」の拝みをして、本人に生きる喜びをあらためて感じてもらうことも大切です。

ヤマモモの「桃」は「百」を意味し、長寿祝いの定番。厄を8回越えた長寿に皆であやかって

しーぶんコラム

最初のトゥシビーは13歳

人生最後（？）のトゥシビーに対して、人生最初は数えの13歳。結婚が早かった時代には、女の子が生まれた家で迎える最初で最後のトゥシビーだったので、「十三祝い」として賑やかに行いました。

人は生まれたときから毎年、干支の神様が順についてくれるといわれています。12年で十二支すべての神様がそろうので、数えの13歳は一人前の人間になったと見なし、それを祝う意味もあるのです。

旧暦9月9日
菊酒（チクザキ）

重陽（ちょうよう）の節句
縁起のよい菊の葉を浮かべたお酒で健康祈願

中国から伝わったとされる菊酒の行事。奇数は吉数とされていますが（45ページ参照）、最も大きい吉数の「9」が重なるこの日は、たいそうめでたい日だそう。この日は酒盃に菊の葉を浮かべた菊酒を神仏に供え、家族の健康や安全、繁栄を祈願します。首里など、地域によっては、自分が生まれた集落の井戸や御嶽での健康祈願をいまも行っています。

菊は昔から、目や肝臓の働きをよくするなど、さまざまな効能のある漢方薬としても重宝されていたといいます。その力を借りて健康を願ったともいえるでしょう。また、菊の花は、ともいわれ、古くから縁起のいい植物と見なされています。

たくさんの花びらが内側を向いてることから「和合」の象徴

菊酒の日に、こんな黄金言葉を年長者から聞きました。

「指はどっちに向いている？　指は内側にしか曲がらない」

この言葉に込められているのは、人の手も、菊の花のように指を内側に向けてグッと握れば力が湧いてくる、ということ。「内側」は「家族」も意味し、家族が向き合って調和すれば、なにごとにも負けない強い力が生まれるという教えなのです。

季節が秋めいてくるこの日は、菊酒を家族みんなで楽しみましょう。お酒が飲めない人や子どもたちには、菊酒でウビナディ（29ページ参照）をするといいそうですよ。

市販の菊は農薬がかかっているので、よーく洗ってから使いましょう

しーぶんコラム

琉球王が広めた行事

中国では「9月9日に高いところに登り菊酒を飲めば、災いから逃れられる」という言い伝えがあります。また菊の花は不老長寿に結びつくものと信じられ、花の香りは邪気を祓うともいわれてきました。

この言い伝えを実行して難を逃れた人の話を聞いた琉球王は、よき慣習を自国の民にも広めたいと、おふれを出したとのこと。菊酒の行事は、王様の意志によってこの地に定着したという説があります。

トゥンジービーサーの頃

旧暦10月
カママーイ（竈廻り）

旧暦11月
トゥンジー（冬至・新暦12月）

旧暦12月
ムーチー
十二月の屋敷の御願
ヒヌカンの昇天

旧暦10月は、「アチハティ・ジュウガチ」。
特に行事がない時期なので、ごちそうもなく、
楽しみもなくて、「呆《あき》れ果てる」ほど暇な時期。
ジュウガチニシカジ（十月の北風）が吹き始め、
沖縄もだんだん寒さに向かいます。
北風に混じってタンドゥイヌフェー（種子取南風）や
シワシフェー（師走南風）と呼ばれる南からの突風が吹き、
海人たちを脅かす季節でもあります。
旧暦12月には、神々に1年間のお礼を伝え、
今年の御願を下げて、1年を締めくくります。

旧暦10月1日

カマーイ（竈廻り）

集落で団結し、火の用心を呼びかける行事

旧暦10月、全国の神々は出雲へ出かけるので留守になるといわれています。でも沖縄にはちゃんと留守番の神様がいるそう。とはいえ神様も人手不足。それを補う意味で集落の人が団結し、火の用心を呼びかけました。ちょうど空気が乾燥して火事が起こりやすい時期なので、集落の神人《かみんちゅ》が「ヒーマーチ拝み（防火の拝み）」をする地域もありました。かつては村の役人が各世帯の竈《かまど》の様子をチェックしがてら、なにか困っていることはないかと確認したそうです。

いまも、神様が手薄のこの時期に集落の御嶽を掃除し、

火事が起きても延焼を免れるよう心がけています。人と協力し合うことがやっぱり肝心。

昔は、いま以上に火事は怖いものだったと思われます。現在では魔除けというイメージが強いシーサーも、元々は火事を防ぐ「火返し（ヒーゲーシ）」の意味で作られました。「富盛《ともり》のシーサー」が沖縄で最も古いとされていますが、シーサーを置いた後は、それまでひんぱんに起こっていた火事がなくなったと言い伝えられています。

新暦12月20日頃

トゥンジー（冬至）

本格的な冬の到来
トゥンジージューシーを食べる日

古くから「トゥンジービーサー」という言葉があるほど、この頃から強い季節風が吹き荒れ、厳しい寒さがやってきます。この季節風は「タンドゥイヌフェー（種子取南風）」と呼ばれるもので、普段は北風なのに、突然南から強い風が吹き始めます。

この日はトゥンジージューシー（冬至炊き込みご飯）を神仏に供えて、インフルエンザなどに負けないようにと健康祈願をします。ターンムや豚肉、ニンジン、かまぼこ、椎茸など、たくさんの具を入れたジューシーは、お供えの後、家族みんなで味わって。

季節の変わり目は体調を崩しやすい時期です。神仏に祈るだけじゃなくて、

しっかり食べて健康を守る。

先祖や神様も一緒に、家族そろって笑いながら季節の料理を食べる、これがいちばんの健康・平穏の秘訣です。

旧暦12月8日
ムーチー

病を寄せ付けないよう、
鬼餅を食べて厄を祓う

沖縄中にムーチー（鬼餅）があふれかえる日。各家庭で手作りし、できたてを神仏に供えて家族の健康祈願をします。ムーチーはサンニン（月桃）やクバの葉に包んで蒸して作りますが、蒸した後の湯を裏戸や門に撒いて厄を祓います。湯が冷めないうちに「鬼はいないね～？　いたらアチコーコーの湯で焼こうね～」といいながら撒くといいそう。

この頃はムーチービーサーと呼ばれ、寒さがいちばん厳しい時期。風邪をひきやすい季節でもあるので厄を祓い、ムーチーを食べて病に負けない体力をつける意味があったといわれます。

「厄」と「薬」は同じ発音。厄（病）を祓えば薬も不要

と考えられていたとも聞きます。抗菌作用のあるサンニンの葉で包んだムーチーは腐りにくく、保存食としても重宝したそう。この年に子どもが生まれた家庭では、初《ハチ》ムーチーを内祝いとして配る習慣があります。この時期、ムーチーだらけになる家庭も多いでしょうが、お祝いの品なので捨てたりせず、冷凍保存したり揚げ餅などにして食べきりましょう。

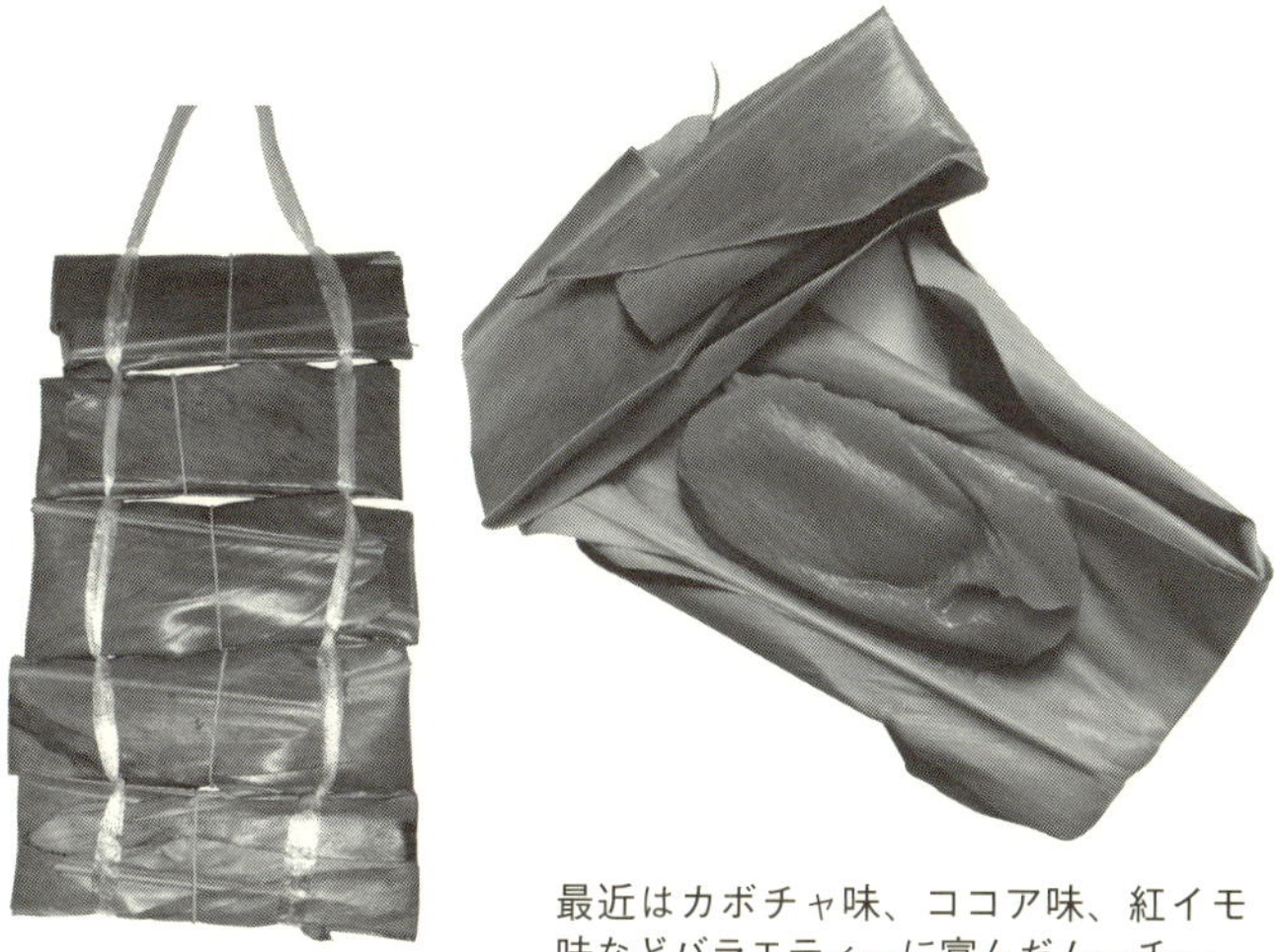

最近はカボチャ味、ココア味、紅イモ味などバラエティーに富んだムーチー

しーぶんコラム

子どもの健康を祈願

小さな子どもがいる家庭では、健康を祈願して、子どもの歳の数だけヒモでつないだムーチーを天井や壁から吊します。多過ぎるようなら、5や7など吉数の奇数を吊り下げるといいそう。特に男の子には、力持ちで粘り強い子になってほしいということから、特大サイズの「力（ちから）ムーチー」を作ります。これはサンニンではなく、神の木といわれるクバの葉で包みます。

旧暦12月中旬～24日頃

十二月の屋敷の御願

今年1年の感謝を込めて行う
屋敷の神様へのお礼参り

さて、今年はどんな年だったでしょうか？　この1年間の願いごとに果報を与えてもらった（願いが叶った）ことに対して、おうちの神様たちに感謝するのが十二月の屋敷の御願。これを「シディガフウ」といいます。わかりやすくいうと、

1年間の感謝の気持ちを伝える「お礼参り」。

現実社会でも誰かにお願いごとをしたときは、その後、お礼をしたり感謝の気持ちを伝えるのが礼儀ですよね。この御願では、世間の人に対して行うのとまったく同じことを、神様にも行うわけです。

お礼参りでは願を立てたお寺や神社、首里十二カ所（92ページ参照）などもまわりますが、なにより忘れてはいけないのが、自分の家の神々へのシディガフウ。きれいに掃除して、心を込めて行いましょう。御願に不慣れでも、自分で行い、直接感謝の気持ちを伝えることが大切。至らない点が心配ならば、その旨をちゃんと神様に伝えると、大目に見てもらえるそうですよ。

旧暦12月24日

ヒヌカンの昇天

ヒヌカンが天に帰る日

ヒヌカンが天の神様に、家族の1年間の功罪を細かに報告しに帰るといわれている日。ヒヌカンは毎月1日・15日に天に中間報告をしていますが、この日は特別。重役が顔をそろえた総決算的な会議が行われるといわれています。

内容次第で来年の年俸（徳）が決まる

といわれるほど、とても重要な会議だそう。

この日はヒヌカンに、「いいことだけを報告してください」とお願いするのがポイント。そうすれば、ヒヌカンが年明けに戻ってくるとき、今年に増していい徳を持ってきてくれるといわれています。

さらにこの日は、「ウガンブトゥチ（御願解き）」もしましょう。これは、今年お願いしたことで叶わなかったことを「いったん、下げさせていただきます」と手を合わせること。お願いごとが溜まる一方では神様に対して失礼なので、年末には今年の御願を整理して。

うーとーとー コラム

寺と宮で祈願が異なる首里十二カ所と琉球八社

沖縄本島では、特別に祈願したいことがある人は、首里十二カ所（寺）や琉球八社（宮）にお参りします。どちらをお参りするかは、祈願する内容によって異なってきます。

【首里十二カ所】

年忌などの仏事や健康祈願、１年間の感謝の拝み（シディガフウ）などでまわります。屋敷の御願で十二支の力をさらに得たいときも。「十二カ所」といっても、首里にある４つのお寺のこと。十二支の守り本尊をいくつかずつおまつりしています。

■首里観音堂…千手観音（子）、虚空蔵菩薩（丑・寅）、
普賢菩薩（辰・巳）、勢至菩薩（午）

■達磨寺…文殊菩薩（卯）、阿弥陀如来（戌・亥）

■盛光寺…大日如来（未・申）

■安国寺…不動明王（酉）

【琉球八社】

出世、合格祈願、商売繁盛、子宝、縁結び、病気平癒など、「ここぞ」のときに祈願する宮。波上宮、沖宮、安里八幡宮、天久宮、識名宮、末吉宮、普天満宮、金武宮の８宮をさします。

※神社（宮）では神様を呼ぶのに、二礼・二拍・一礼が基本。仏様はいつでもこちらに向いているので、寺や仏前で柏手を打つのは逆に失礼になるので、注意を。

2章

レッツ・トライ! 御願とおまじない

暮らしのなかで少しでも御願行事を実践したいと思ったら、まずは「家族の日々の平穏無事」を願う御願から。

この章では、ヒヌカンの御願行事、年3回ある屋敷の御願のハウツー、御願の必須アイテムを紹介します。

さらに昔から伝わるマブイグミなどのおまじないも紹介。

御願の心得

「御願」には、「屋敷の御願」のように暦に織り込まれたものや、「マブイグミ」のように状況に応じて行うものなど、さまざまにあります。ここではどんな御願にも共通していえる「心得」をまず明記しておきましょう。

その①基本はまわりとの「和」を大事にする気持ち

先人が伝えたグイス（拝みの言葉）には必ず「和をとらせてください」という意味が含まれます。「和」を持って過ごすことの大切さに気づき、感謝の気持ちを持つ――これが沖縄らしい「御願」のあり方です。

その②御願は自分自身の「目標」

「御願をする」ということは、自分自身が「目標を掲げる」ということ。手を合わせたら、「あとはヨロシク！」なんて棚ボタはありません。つまり、御願には己の努力がつきものなのです。

その③御願は占いや錬金術ではありません

「仕事がうまくいくように一生懸命、御願したのに、ちっとも儲からない」という愚痴を聞いたことがあります。これは御願の意味の履き違え。大事なのは望んだ結果が出たかではなく、「そこから自分がなにを学んだか」ということ。なにか学べたことがあったなら、それすなわち「御願が通った」ということでもあるのです。

その④他人の不運を願うなど、もってのほか！

ねたみ、そねみから生まれる嫌な感情は、いつか自分に倍返しで戻ってきます。人を呪わば穴ふたつ。神様や先祖の前では愚痴や悪口は禁物です。

グイスを知ろう

御願になくてはならない拝みの言葉
織り込む基本を押さえて自分なりに唱えましょう

「御願」をひと言で説明するなら、私たちを見守る神様や先祖に、「日々、円滑に暮らしていかれるよう、その協力をお願いする」ということ。さらには、その時その時のなにか特別なお願いごとをするのも御願です。

御願に不可欠なもの、というより「御願」そのものであるのが「グイス（拝みの言葉）」。日々のヒヌカンへの挨拶から、旧暦の御願行事など、どの御願でも必ずグイスを唱えます。

仏教のお経などとは異なり、グイスは人に話しかけるような普通の言葉です（ただし、敬うべき年配者に対するような語り方で）。おばあちゃんたちは実に美しい表現の方言でグイスをあげていましたが、それもよく聞けば、なにも特別な言葉ではありませんでした。

グイスには、各家に代々伝わるものや行事それぞれのものなどがありますが、基本的に織り込まれている内容は「拝む人（家族）の自己紹介」「日々、お世話になっていることへの感謝」「祈願の内容説明」。行う御願行事の意味をきちんと捉え、自分なりの丁寧な言葉と想いでグイスを唱えれば大丈夫。本章では折々の御願のグイス例も紹介していきます。

御願のグイス例①

日々のヒヌカンへの挨拶
～筆者のおうちバージョン

サリ　アートートー　ウートートー
家族みんなが今日を無事に迎えられまして、ありがとうございます。
朝はアガリティダ（昇る太陽）に照され、夜は月の光に照らされて、
マハラなちくみそうり（まっさらな空間～清められた環境でいさせてください）、
マハダなちくみそうり（まっさらな肌～清らかな体でいさせてください）。
今日1日がいい日でありますように、いいことがありますように。
たくさんの成功の知恵を授けてください。
まわりと和を持って過ごすことができますように。
いっさいの口難口事《くちなんくちぐぅとぅ》は向けさせないで、どうぞ無事に過ごさせてください。
サリ　アートートー　ウートートー

※これは、日々の挨拶（108ページ参照）のグイスなので、自己紹介は割愛しています。

御願必須アイテム①

沖縄の線香

線香は、あの世や神様との通話料 本数には意味や分相応があるのです

「御香（ウコー）」や「平御香（ヒラウコー）」と呼ばれる沖縄の線香。御願のウサギムン（お供え物）として必須の線香はいろんな意味・役割を持っています。基本的には、御願する人の思いを、あの世や神様のところに届ける「通話代」と考えればいいようです。

線香は、どんな内容の御願をするのかによって、本数が異なってきます。日々の仏壇のお供えや、他家の仏壇にお参りするときは3本が基本。神様への御願は、12本や15本（12本・3本）がベーシックな本数です。この通話代、御願の内容によって基本料金が異なります。基本料金30円のところ10円しか入れずに話しても、相手にはつながらないのと同じように、線香の本数が的確でないと御願の内容も神様に届かないのだとか。その反対に、お願いごとがたくさんあるからといって、山ほど線香を供えればいいというものではないようです。

というのも、どんな人が手を合わせるかによっても本数が異なるため。17本や24本以上の線香は「拝みのプロ（神人）」しか扱えないなどの暗黙のルールがあるのです。「線香の本数にも意味、分相応がある」ということを覚えておきましょう。

線香の本数の数え方と意味

平たい黒いヘラのような形をしたコレが、沖縄の線香。線香6本を合体して1枚になっています。この1枚を「チュヒラ（ひと平）」または「6本御香」と呼びます

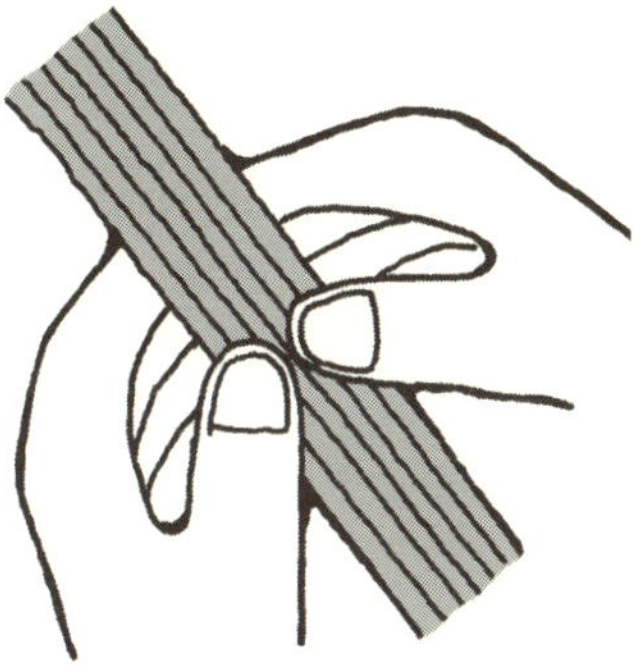

両手で端を持って、折りたい筋を親指で押すようにしながら割りましょう。線香を折るのは慣れないと手間取るもの。御願をする前に、事前に必要な本数をセットして輪ゴムで留めておくと便利です

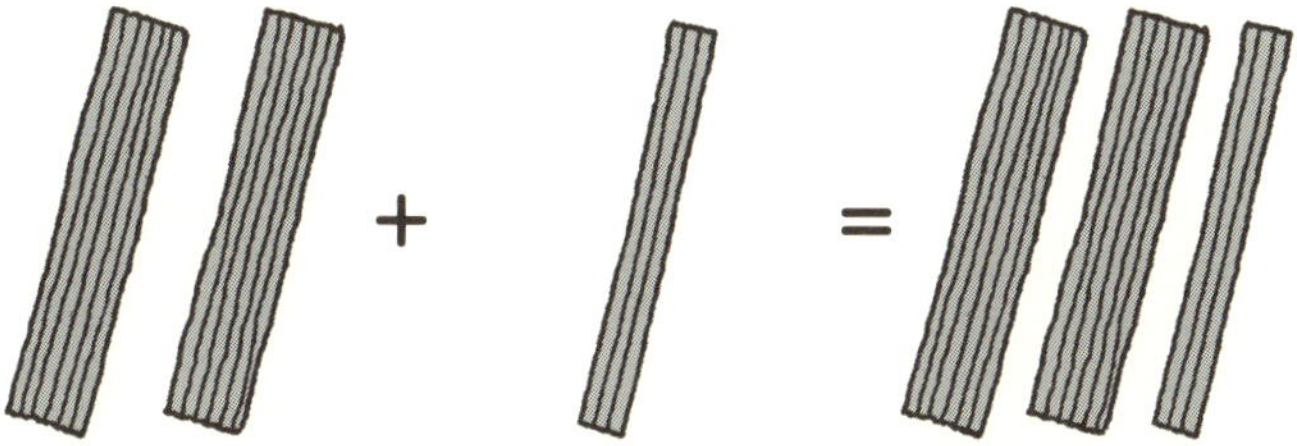

■12本御香
チュヒラ2枚で12本御香。あらゆる拝みの基本の本数で、「祈願します」の挨拶を意味します。さらに、「十二支、十二方位、十二カ月をお守りください」の思いも込められた本数です

■3本御香
チュヒラを半分にしたのが3本御香。この3本は「私自身からお供えします」という意味を持っています。また、3本は「天・地・海（竜宮）」「過去・現在・未来」「親・自分・子」を表すといいます

■15本（12本・3本）御香
基本の12本御香に、「自分自身から」の思いを表す3本御香を足した本数。旧暦1日・15日をはじめ、もっともよく使われる線香のバリューセット的な本数です。チュヒラ2枚と、チュヒラを半分にした3本を合わせて15本とします

御願必須アイテム②

クバンチン（シルカビ）

神様用の紙幣は習字紙で手作り そこには家族の履歴もプリントされる⁉

神様のお金といわれる「クバンチン」。ヒヌカンでの御願や屋敷の御願、御嶽や神社（宮）での御願など、神様ごとのときにお供えします。習字紙を使った白い紙なので「シルカビ（白紙）」や「ハンシ」、また「スクブチ」とも呼びます。

クバンチンは「天の帳簿」とも呼ばれています。ただの白い紙に見えますが、実はそこに、お供えする家族の細かい日々の情報・履歴が明記されるとか。「このように家族仲良くがんばっていますので、これからもよろしくお願いします」と伝える意味もあるのです。

クバンチンは習字紙で作ります（作り方は左記）。神様にお供えするものなので、切り分けるときはハサミなど刃物は使わずに。折り目をつけて、両手で割くようにしましょう。

3枚が1組で、御願のときは3組を1セットとして使うことが多いクバンチン。つまり、「3枚×3組＝9枚」が1セット。年配の方は方言で、「3（サン）バングヮン ヌ 9（ク）バンチンをお供えしました」といいながらお供えします。昔から使われてきた、意味を含んだ方言のいいまわしは、ぜひ残したいものです。

クバンチンの作り方

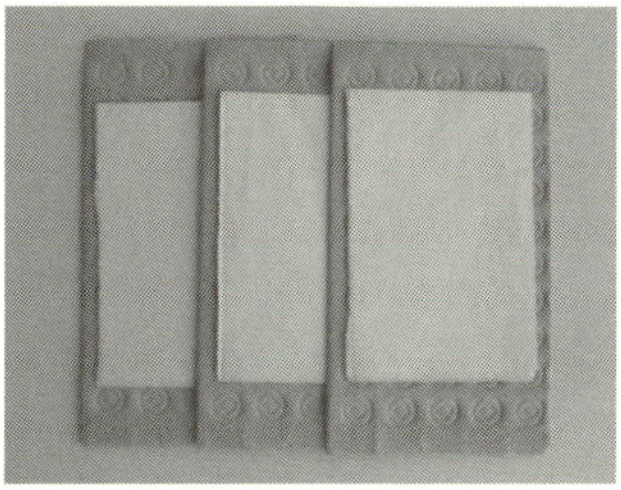

ウチカビの上にのっている白い紙がクバンチン。先祖供養では、ウチカビと組みあわせて供えることも

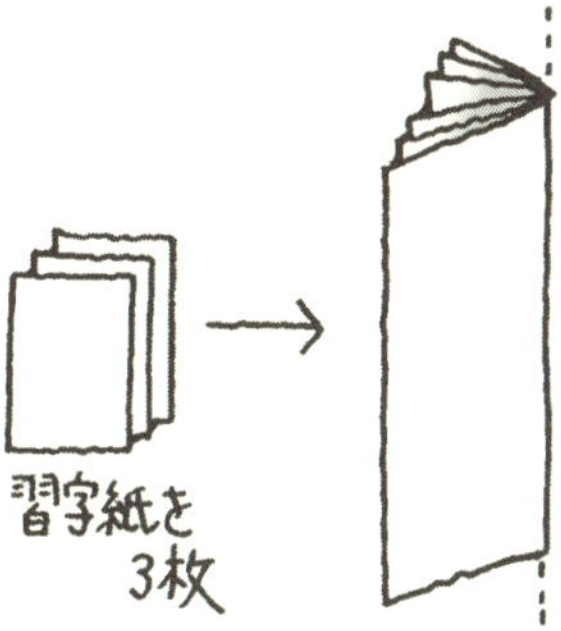

①習字紙を３枚重ねて、縦半分に折る

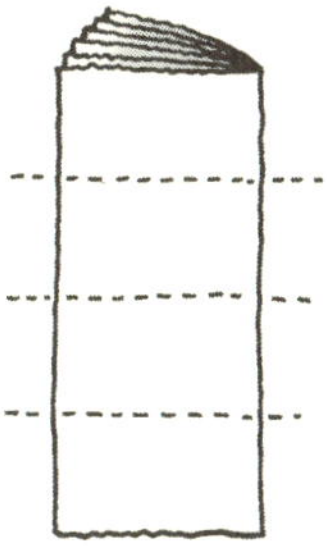

②折った半分を横４等分に折り目をつけていく

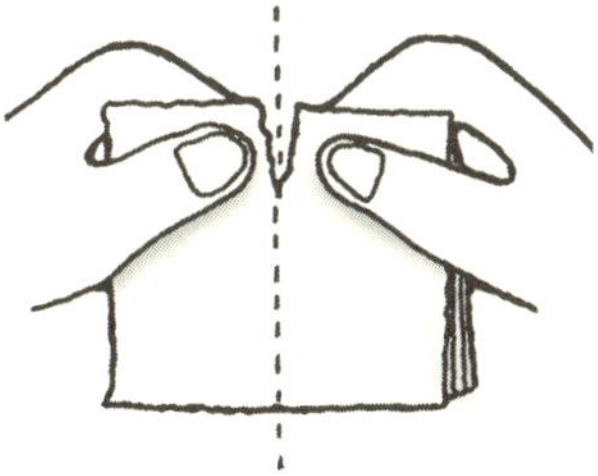

③折り目にそって、習字紙を４等分に切り分けていく

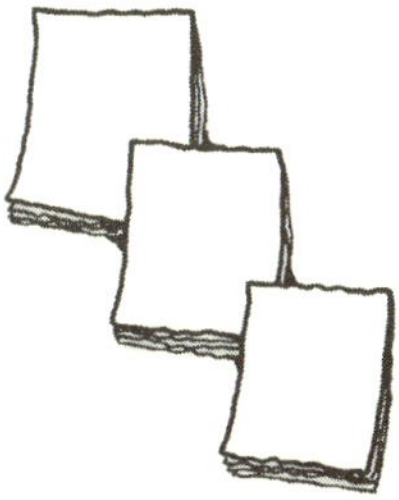

④切り分けたら、３枚重ねのクバンチンが４組できあがり。そのうちの３組で１セット。あまりは別途、使って

御願必須アイテム③

ウチカビ

先祖にも納税義務があった⁉
シーミーやお盆、法事には送金を忘れずに

黄土色の板紙に丸型の押し印が50個押されたウチカビ（別名・カビジン／紙銭）。クバンチンが神様のお金なら、ウチカビは「先祖のお金」。シーミーやお盆、法事などのときに燃やして、子孫から先祖へ「送金」の供養をします。

年配者の話によると、あの世にはところどころに関所があって、番人に「税金」を要求されるのだとか。もし、先祖に手持ちがない場合は、ずっとその場で足止めされて、後から来たミーサー（新仏）に先を越されるうえ、番人からの容赦ない取り立てに身の縮む思いをすることになるのだそう（155ページ参照）。まるで、近所にもありそうな話ですね。こんな状態では、子孫が危機のときに助けてあげたくても、先祖自身が追われる身なので、歯がゆい思いで子孫の窮地を見ているしかないのだとか。

ウチカビは3枚が1組。シルカビと重ねてお供えすることが多いようです。シーミーやお盆、年忌の法事では、「1人に1組の役割がある」といいますから、4人家族なら4組お供えします。ウチカビは、残金が出ないようにまんべんなく燃やしましょう。少しでも燃え残りがあると、

不足金が出てしまうとか。ウチカビの代わりにちり紙やウチカビをコピーして使ったなどの話を耳にしましたが、これは紙幣偽造！ 兄弟でも貸し借りはご法度といわれるぐらい、自分のウチカビで送金することに意味があります。最近ではコンビニでも売っているので、面倒がらずにマイ・ウチカビを送金しましょう。

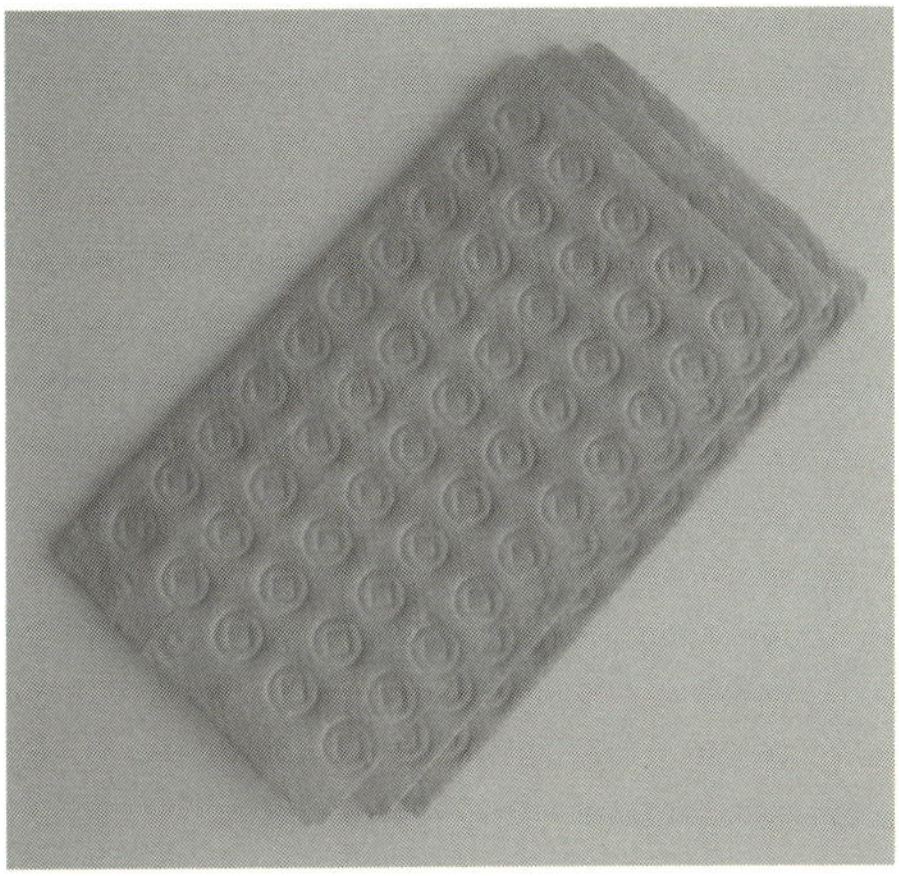

これがご存じウチカビ。昔は各家で押し印して作っていました

しーぶんコラム

「御願不足」は「請求書」

ほったらかしにされた先祖は、あの世で番人たちに、生前の子孫教育や生き様を問われて、肩身の狭い思いをすると聞きます。家族に変事があると、「御願不足では？」という話題になりますが、コレ、やいのやいのの「納税督促状」に窮した先祖から子孫へのせっぱ詰まった「請求書」の場合も。法事などでは気持ちを込めて、「送金」を。

御願必須アイテム④

ビンシー

神様へのお供え物の基本セット「実印」と同じなので、御願も心して

一見、花見酒用の小さな重箱のようにも見える「ビンシー」。米や塩、お酒や盃など、神様への御願の必須アイテムがひとまとめに収まる、携帯するのにとても便利なツールです。「屋敷の御願」や祈願で首里十二カ所（92ページ参照）をまわるときなどに持参するこのビンシー、「天との調印に使う『実印』」なのだそう。つまり、ビンシーを使っての御願は、天に対して実印を押すほど重要な「誓い」でもあるので、御願したほうにとっても責任重大な約束ごととされるそうです。

ビンシーは所帯を持って、独立したときに仕立てることが多いようです。見かけは木箱ですが、それこそ「実印」を作るぐらいの覚悟と管理が必要。親兄弟でもビンシーの貸し借りは避けるのが一般的です。貸した場合、連帯責任になって、覚えのない御願の後始末まで負う羽目になることもあるとか。この世でもあの世でも、実印は簡単に押すものではないのですね。

ビンシーを持たない場合は、器やタッパーで「仮ビンシー」（107ページ写真参照）としますす。普段使いのものとは別に、なるべく白を基調とした器を用意するといいそうです。

上段の枠内に米などを入れます。上段をはずすと、内側は線香などを入れるスペースに

しーぶんコラム

ビンシーに収めるものの意味

■アライミハナ…7回すすいだ米。「清らかな水で穢れを取り除いたこの米のように、私の御願も清らかな心で向かっています」の意味。

■カラミハナ…洗わない米。「殻をとった無垢な状態」を表します。

■塩…悪や穢れを祓いのけ、幸運を呼ぶ力を持つといわれる海（竜宮）からの贈り物。「このような万物の力をください」の気持ちを込めて。

■酒…米と水が合わさったありがたいもの。神様にお供えする酒は、古酒ではなく、新鮮な新酒を。

わが家のうーとーとー｛実践編｝

ビンシーセットをそろえる

ビンシーを用いての御願のとき、ほかにも果物などのお供え物（左記）が必要です。本書では、これら全部で「ビンシーセット」と呼ぶことにします。

■果物（バナナ、ミカン、リンゴ）

バナナは5本、ミカンとリンゴは各1～2個お供えします。バナナはその形状から「手」「男」を意味します。橙《だいだい》（黄金《こがね》）色で中に房がいくつもあるミカンは、「お金」「子ども」の意味。ふくよかなお尻のようなリンゴは「女」。「男性の手でお金と子どもと妻を包んでいる」様子を表しているのだそうです。

■ウチャヌク

真っ白で無垢な大中小3個の重ね餅。三段重ね3組が1セット。「地の恵みの米、天の恵みの水を尊い火で合わせました。ありがたいこの餅を、天・地・海（竜宮）の神様やトートーメーにお供えさせていただきます」の気持ちを込めるといいそうです。天から見ると、ウチャヌクは光り輝く鏡のようだとか。天を映す鏡なら、やはり「白」。代用であんこ餅を使うと、「アンタ、腹黒ね？」と思われちゃうかも。ウチャヌクは餅屋で売っていますが、スーパーの菓子屋さんに数日前に注文しておくと作ってくれるところも増えました。

ビンシーセット

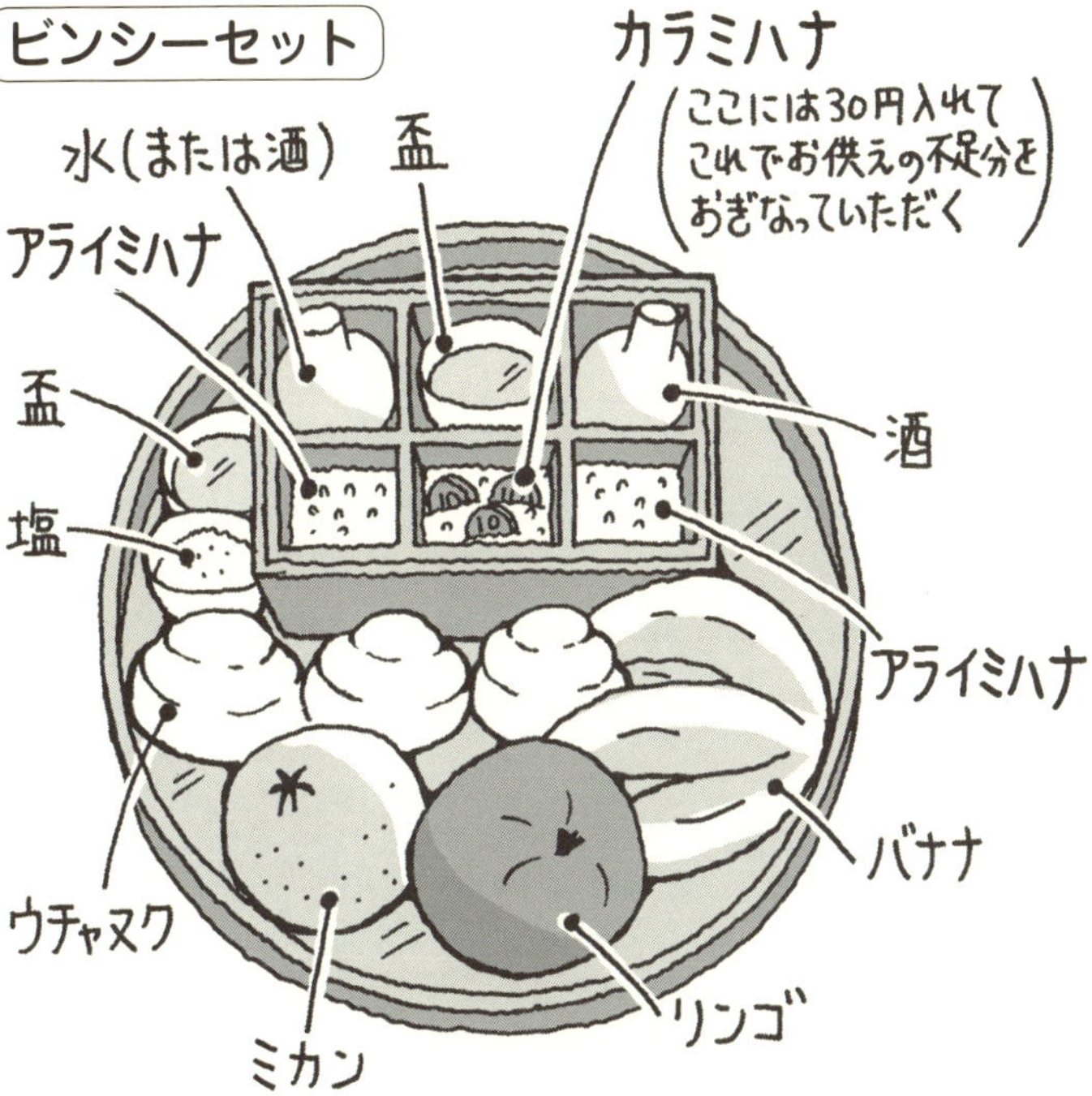
カラミハナ
ここには30円入れて
これでお供えの不足分を
おぎなっていただく
水(または酒)
盃
アライミハナ
盃
酒
塩
アライミハナ
バナナ
ウチャヌク
リンゴ
ミカン

仮ビンシーのセット

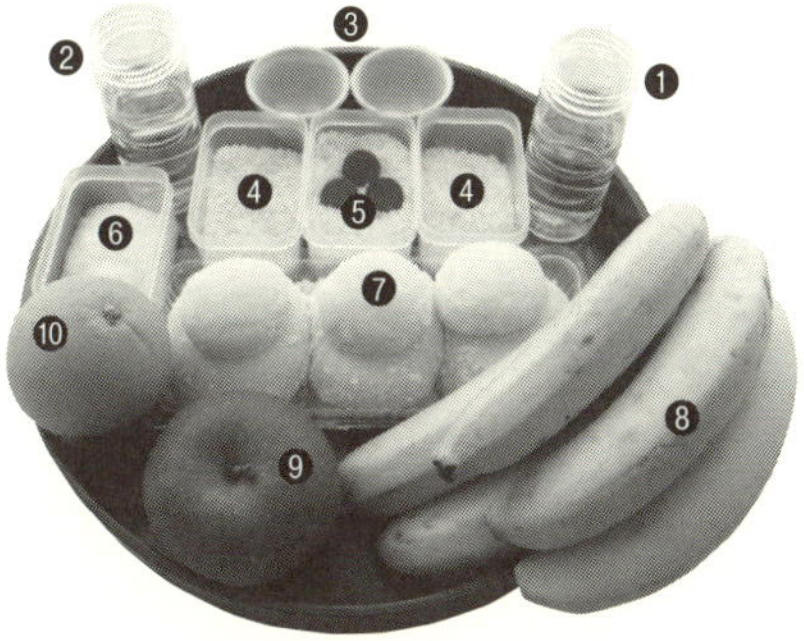

❶酒
❷水(または酒)
❸盃
❹アライミハナ
❺カラミハナ
❻塩
❼ウチャヌク
❽バナナ
❾リンゴ
❿ミカン

※アライミハナ、カラミハナの位置は地域によって異なります。

日々のヒヌカンへの挨拶

ヒヌカンは主に女性がお守りするとされていますが、必ずしも女性限定ということではなく、男性がおまつりしてもかまわないそうです。夫婦と子どもたちの二世代家族のわが家では、ヒヌカンのお世話は主婦である私の役割。旧暦1日・15日をはじめ、定例の御願などがない日でも、毎日、ヒヌカンには手を合わせています。通常の日に行うのは水祷《みずとう》。お水だけをお供えし直して、ヒヌカンに挨拶します。

❶まず、前日のお水を下げます。これは神様にお供えしたお水なので、無造作に捨てずに、鉢植えなど植物にかけてあげます。子どもが遠出する日だったり、試験のある日だったら、ウビナディ（29ページ参照）してあげることも。これ、ウサンデー（お下げ物）で神様の力を分けてもらうお守りです。

❷新しく湯飲みに水を入れて、ヒヌカンにお供えを。私は朝一番にひねる蛇口からのお水をお供えするようにしています。

❸簡単に「いつも守ってくださっていることの感謝」「今日も家族が無事にいられますように」手を合わせます（グイスは97ページ参照）。

これでお終い。特別なお願いごとがない限り、線香は立てません。

葉物
香炉（足が2本正面から見えるように置く）
花瓶
塩
水
酒
米

日々の挨拶は線香を立てずに

香炉にはいつもヒヌカンがいらっしゃいますが、線香を立てると、わざわざ耳を傾けられるとか。日々の挨拶ぐらいでいちいち呼びかけては恐縮なので、ここは線香をつけずにそっとご挨拶しましょう。それでも大丈夫。ちゃんと聞こえているそうです。だから、ヒヌカンの前で人の悪口などいうと、全部聞こえてしまうんですね。

【メモ】

■前述したように、ヒヌカンは３神いるといわれています。なので、お供え物の線香、ウブク、クバンチンは３組ずつ用意するのが丁寧とされています(ただし、香炉が小さい場合は15本御香を１組だけにしたり、クバンチンを省くおうちもあります)。

■よい出来事を報告したり、お礼をする場合は、ウブクではなく、赤ウブクをお供えするとなおよいです。

■取り替えるために下げた米や水などは、神様からのウサンデー(お下げ物)。捨てたりせずに、米は炊き、塩はお清めなどに使いましょう。

わが家の
うーとーとー
実践編

旧暦の毎月１日・15日の朝
ヒヌカンの１日・15日

【用意するもの】

・線香12本３本(15本御香）を３組

・ウブク３つ

・クバンチン３枚１組を３組

【事前の準備】

・葉物は水を取り替え、枯れていたら新しいものに挿し替える。

・酒などのお供え物はいったん下げ、器を洗い乾かし、あらたに入れ直してお供えする。

・香炉は清潔な布でから拭きし、「顔」を正面にセッティング。

【御願の手順】

❶ウブクを３つ、器に入れて用意する。クバンチンを敷いた上にウブクをお供えする(イラスト参照)。

❷15本御香３組に火をつけ、香炉に立てる。

❸ヒヌカンの前に正座して、祈願する。「１日・15日」のグイス例は112ページ参照。

❹このグイスの内容以外に、その日に特別、祈願したいことがあれば、それを付け加える。内容はできるだけ具体的に。子どもの受験ならば、受験する学校名、試験の日にち、受験番号など、できるだけ詳細を伝えること。

御願のグイス例②

ヒヌカンの1日・15日

サリ　アートートー、ウートートー

【冒頭の自己紹介】

こちらは**那覇市那覇町1番地**の家屋敷に住んでいます大黒柱（家長）・**寅**年生まれの**島袋良男**と結び（妻）の**辰**年生まれの**花子**、**長女**・**卯**年生まれの**道子**と**長男**・**申**年生まれの**道男**の家庭です。

今日の良き日に、私、**辰**年生まれの**島袋花子**が**◎△の御願**をさせていただきます。

いつもこの家屋敷を黄金《くがに》屋敷、白銀《なんじゃ》屋敷として栄えさせてくださり、ありがとうございます。

おかげさまをもちまして家族一同、健康に恵まれ、周囲と和をとり、幸せに暮らしています。

12本3本の線香、3バングヮンヌ9バンチン※1、清らかな水、黄金のような塩、尊い酒、輝く米、イキイキとした枝葉、地からの恵みのウブクをお供えさせていただきました。

これからも、火の神様、天の神様、地の神様、竜宮の神様、十二支の神々様、
北・東・南・西の神様、門の神様、戸柱の神様、床の間の神様、便所の神様、
屋敷の中央の神様、すべての神様の尊い力をひとつに結んでいただき、
この家屋敷に住む家族に、なんら不足がありませんように。
健康に恵まれ、笑い福々し、仕事も学問も立身出世させてください。
またこの家屋敷にヤナムン、ヤナカジ[※2]、他人の口災いが入ってきませんよう、お守り下さい。
万が万一、不足があれば、火の神様で補ってくださいますように。
万人と和を持って暮らしていくことができますよう、お願い申し上げます。
サリ　アートートー、ウートートー

※冒頭の「自己紹介」は、ほかの拝みにも共通。太字の部分はそれぞれの家族や御願行事名に置き換えてください。
※1：クバンチン（シルカビ）のこと。
※2：魔物、病魔のこと。

❷ビンシーセットもヒヌカンの前に置く。
❸15本御香に火をつけ、香炉に立てながらグイスを唱え始める。
❹グイスの途中、「7段の橋」のくだりから、3本御香に火をつけ、香炉に1組ずつ立てていく(下の図参照)。
❺3本御香を1組ずつ立てながら、今年の感謝(昇天時)・今年の祈願(お迎え時)をひとつずつ口にしていく。
❻グイスが終わったら、ビンシーから米、洗い米、塩をひとつまみずつ、ヒヌカンのそれぞれの器に入れる。そのとき、感謝の気持ちでカミル(141ページ参照)のを忘れずに。
❼次いで、ビンシーの酒と水をカミながら、ヒヌカンのそれぞれの盃に少しずつ入れる。

7段の橋(3本御香7組)の立て方

[ヒヌカンの昇天]
感謝を述べながら、左から右に1組ずつ立てる。ヒヌカンが天への階段を昇っていくのをイメージして

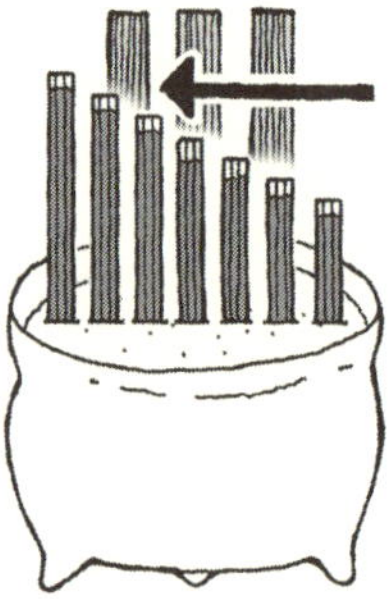

[ヒヌカンのお迎え]
今年の祈願を述べながら、右から左に1組ずつ立てる。ヒヌカンが天からの階段を降りてくるのをイメージして

※線香の立て方は、昇天時に「右から左」に立てても問題ありません。ただし、その場合、お迎え時には逆の「左から右」に立てるようにしましょう。

わが家の
うーとーとー
実践編

旧暦12月24日／旧暦１月４日
ヒヌカンの昇天・お迎え

年末の「ヒヌカンの昇天」、年明けの「ヒヌカンのお迎え」ともに、準備するもの、おおまかな手順は同じです。ただし、お見送り(感謝／御願解き) とお迎え(御願立て／祈願) なので、当然のことながらグイスが異なっています(116〜117ページ参照)。線香の立て方も異なるので、注意を。

【用意するもの】
・線香12本３本(15本御香) を３組と、３本を７組
・赤ウブク３つ
・クバンチン３枚１組を３組
・ビンシーセット

【事前の準備】
・お供え物はすべて新しく取り替えておきます。
・ヒヌカンまわりもきれいに掃除を。
・香炉の灰がいっぱいになっている場合は、「ヒヌカンの昇天」の御願の前に、灰を分けましょう(やり方の詳細は138ページ)。

【御願の手順】
❶香炉の前にクバンチンを１組ずつ並べ、その上に赤ウブクを１つずつお供えする。(110ページの図を参照)。

御願のグイス例③

ヒヌカンの昇天

サリ　アートートー、ウートートートー

【冒頭の自己紹介（112ページ参照）】

今年1年、健康でまわりとの和を持って過ごさせていただき、ありがとうございます。おかげさまでよい日々を送ることができました。

年末にあたり、今年1年にあげました祈願を下ろし[※1]、まっさらにしてください。

他人からの口災いもはずしてくださいますよう、お願いいたします。

何分未熟なものですから不足があったことと思いますが、
不足は火の神様で補っていただけますよう。天には良いことをご報告ください。

清らかな水、黄金のような塩、尊い酒、輝く米などをお供えいたし、
今年のシディガフウ[※2]をいたします。これから天の7段の橋をおかけします[※3]。

（3本御香を1組ずつ立てながら、今年の感謝をひとつずつ口にする）

新しい年にもたくさんの喜びごと、知恵の徳、お金、人徳を持ってお帰りになりますよう。

サリ　アートートー、ウートートートー

御願のグイス例④

ヒヌカンのお迎え

サリ アートートー、ウートートートー

【冒頭の自己紹介（112ページ参照）**】**

明るい◎年（今年の干支）を迎えました。

天にお戻りになられています火の神様、本日はお迎えする日になっております。

清らかな水、黄金のような塩、尊い酒、輝く米などをお供えし、お迎えいたします。

どうか、この7段の橋※3をお渡りになって、家屋敷にお戻りください。

（3本御香を1組ずつ立てながら、今年の祈願をひとつずつ口にする）

天から降りられる際には、去年に増して、健康の徳、食べ物の徳、商売繁盛の徳、成功の徳、学問の徳、人の和の徳をお持ちくださり、この家屋敷に住む家族にますますの立身出世の道を拓《ひら》いてくださいますよう、お願いいたします。

今年1年、火の神様を通してたくさんの神々の徳をいただくことができますように。

サリ アートートー、ウートートートー

※1（116ページ）：結果がでなかった祈願も、あげたままでは祈願が溜まっていくばかりでよくないといわれます。年末にはこうした祈願をいったん下げるようにします。これを「ウガンブトゥチ（御願解き）」といいます。
※2（116ページ）：与えていただいた果報に対する感謝　※3：3本御香7組を立てていくことを意味します。

塩、酒、水を「ヒヌカンの昇天」のときと同じ要領でお供え。
❸ビンシーセットと線香、クバンチンを持って、下記の順序で屋敷内の拝みをしてまわる。

・各所では、まずビンシーセットを置き、前にクバンチンを並べ、その上に線香を置く(123ページのイラスト参照)。
・ヒヌカン以外の場所では、線香に火をつけないで拝みを。
・グイスをあげ終えたら、米や塩などをクバンチンと線香の上に　お供えしていく(水や酒も少しずつかけてお供えする)。

❹最後にヒヌカンに戻り、線香に火をつけて立て、無事に「屋敷の御願」がすんだことを報告する。

まわる順序

■一軒家の場合

ヒヌカン→ [2月] 敷地の北→東→南→西→門→玄関→床の間→トイレ→ヒヌカン

ヒヌカン→ [8月 12月] 敷地の北→西→南→東→門(家の中に向かって)→玄関→床の間→トイレ→ヒヌカン

■集合住宅の場合

ヒヌカン→玄関→トイレ→ヒヌカン

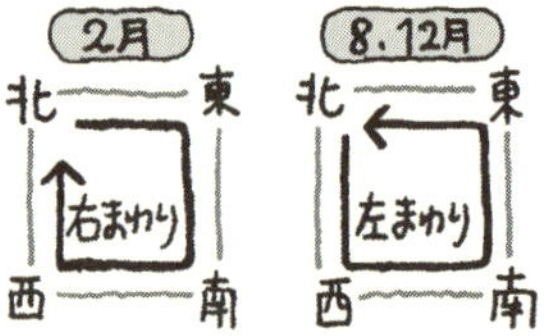

【メモ】

■屋敷の四隅をまわるときは、北を起点に、2月は時計まわり(右まわり)、8月と12月は反時計まわり(左まわり)。右まわりは「よいものを入れる」、左まわりは「悪いものをはずす」といわれています。8月はお盆後に居残ったヤナムンを、12月は1年間の口災いなどをはずすために、左まわりにします。

■拝みをし終わったクバンチン、線香は家の中には持ち込まないように。屋外に置いて、ゴミの日に出しましょう。

わが家の
うーとーとー
実践編

旧暦２月、８月、12月
屋敷の御願

年３回の「屋敷の御願」。それぞれに意味が異なります（１章参照）が、やり方は３回とも一緒。ただし、大きく違うのが拝みをしてまわる順序。土地の四隅をまわる順序が２月と、８月・12月では異なるので、注意を（地域によっても異なります）。

【用意するもの】

■「線香12本３本（15本御香）＋クバンチン３枚１組」を１セットとして、下記の数を用意する。

一軒家の場合

・ヒヌカン用３セット
・土地の四隅用12セット
・家の門用３セット
・玄関用３セット
・床の間用３セット
・トイレ用３セット×トイレの数

集合住宅の場合

・ヒヌカン用、玄関用、トイレ用に各３セットずつ

※別途、最後のヒヌカンの報告用に15本御香を３組用意

■ビンシーセット

【御願の手順】

❶拝みはヒヌカンから。香炉の前にクバンチン３組を並べ、線香に火をつけて香炉に立てる。ビンシーセットは香炉の前に。

❷グイス（122ページ参照）をあげながら、ビンシーの米、洗い米、

おうちの神様配置図

屋敷（おうち）の各所に神様がいるといわれる沖縄。「屋敷の御願」では、日々、各持ち場で家族を守っている神様たちにお礼をしてまわります。ここでは、おうちのなかにどんな神様がいるのか、配置図でお伝えしましょう。

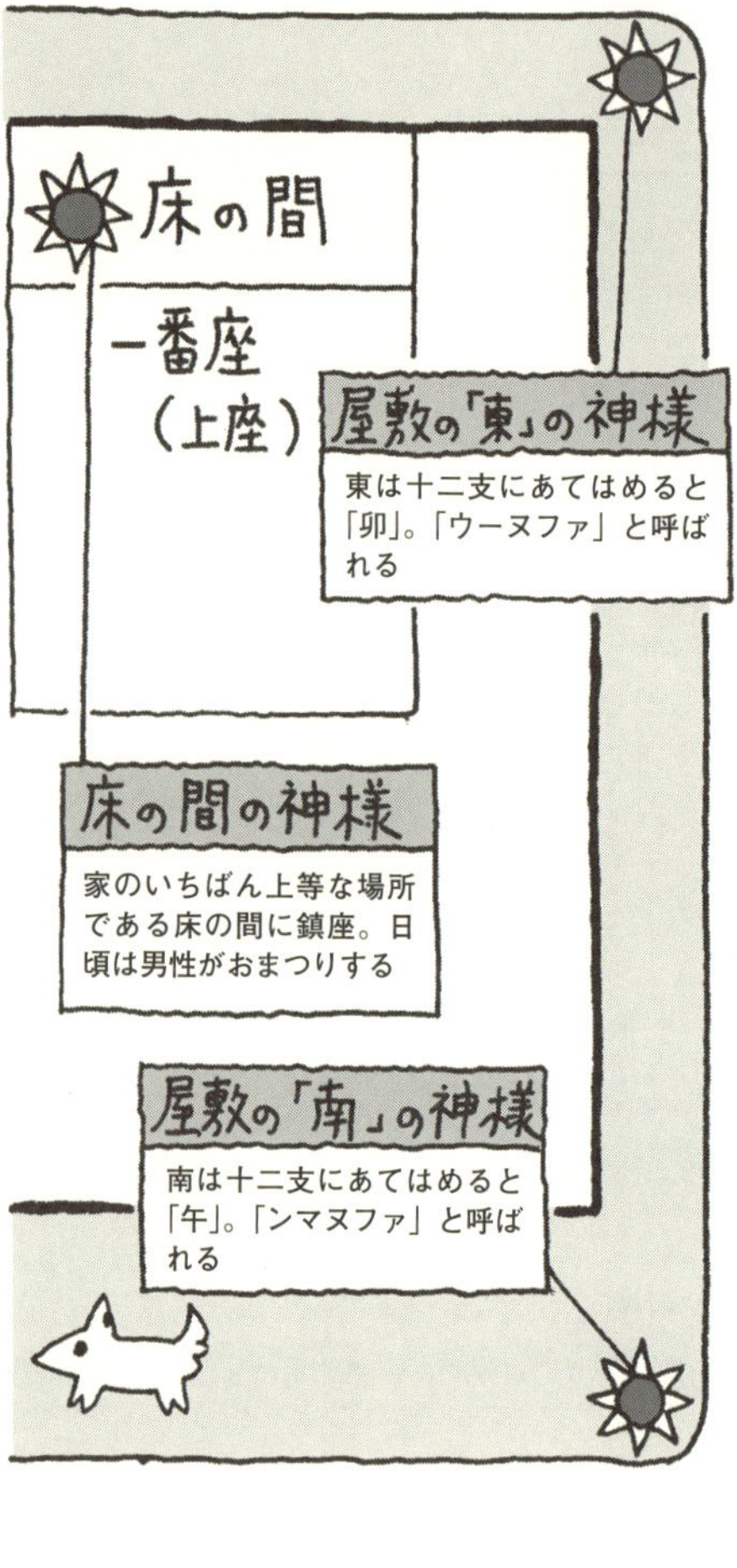
床の間
一番座
（上座）
屋敷の「東」の神様
東は十二支にあてはめると「卯」。「ウーヌファ」と呼ばれる
床の間の神様
家のいちばん上等な場所である床の間に鎮座。日頃は男性がおまつりする
屋敷の「南」の神様
南は十二支にあてはめると「午」。「ンマヌファ」と呼ばれる

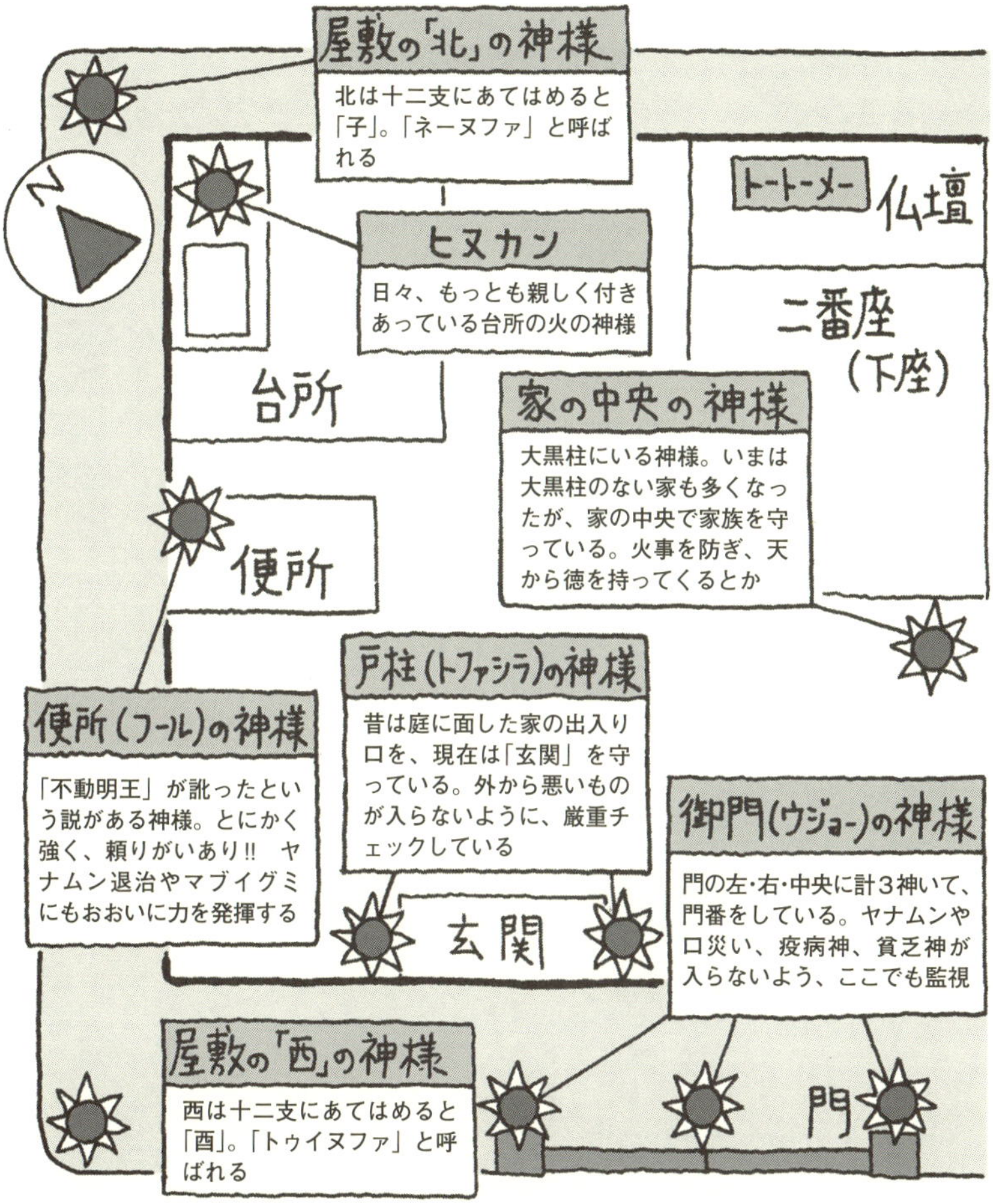
屋敷の「北」の神様
北は十二支にあてはめると「子」。「ネーヌファ」と呼ばれる
ヒヌカン
日々、もっとも親しく付きあっている台所の火の神様
トートーメー
仏壇
二番座
（下座）
台所
家の中央の神様
大黒柱にいる神様。いまは大黒柱のない家も多くなったが、家の中央で家族を守っている。火事を防ぎ、天から徳を持ってくるとか
便所
戸柱（トファシラ）の神様
昔は庭に面した家の出入り口を、現在は「玄関」を守っている。外から悪いものが入らないように、厳重チェックしている
便所（フール）の神様
「不動明王」が訛ったという説がある神様。とにかく強く、頼りがいあり!! ヤナムン退治やマブイグミにもおおいに力を発揮する
御門（ウジョー）の神様
門の左・右・中央に計３神いて、門番をしている。ヤナムンや口災い、疫病神、貧乏神が入らないよう、ここでも監視
玄関
屋敷の「西」の神様
西は十二支にあてはめると「酉」。「トゥイヌファ」と呼ばれる
門

■「屋敷の御願」でまわる順

ヒヌカン→敷地の四方の神様（順は118ページ参照）→御門の神様→戸柱（玄関）の神様→床の間の神様→フールの神様→ヒヌカン。

「風水の神様（フンシー）」と「井戸の神様（カーシン）」がまつられている場合は、「ヒヌカン→風水の神様→井戸の神様→屋敷の四方の神様→（以下同じ）」の順で。

御願のグイス例⑤

屋敷の御願（2月）

サリ　アートートー、ウートートートー

【冒頭の自己紹介（112ページ参照）**】**

12本3本の線香、3バングヮン　ヌ　9バンチン、清らかな水、黄金のような塩、尊い酒、輝く米をお供えして、屋敷の拝みをいたします。

この家で子どもたちが健康でまっすぐに育ち、夫婦仲良く健康に過ごすことができますよう、

火の神様、天の神様、地の神様、竜宮の神様、十二支の神々様、北・東・南・西の神様、門の神様、戸柱の神様、床の間の神様、便所の神様、屋敷の中央の神様、すべての神様の力を合わせて、この家屋敷をお守りください。

この家屋敷にヤナムン、ヤナカジ、他人の口災いが入ってきませんように。

今年も神様からたくさんの徳をいただけますよう、神様の光でこの家屋敷をお守りください。

拝みをしております私はまだまだ未熟者ですが、
不足がありましたら、火の神様で補ってくださいますよう、お願いいたします。
サリ アートートー、ウートートー

■2月：土地の神様に「今年1年よろしくお願いします」の「タティウガン（願い、目標を立てる祈願）」。土地の神様に滋養をつけてもらうことを前提に行います。
■8月：旧盆後の「厄祓い」を前提とします。グイスのなかにも、「盆の後、ヤナムン、ヤナカジがこの家屋敷に残りませんように」といった内容を含めましょう。
■12月：1年間の感謝（シディガフウ）を前提として行います。グイスにも感謝の気持ちを含めましょう。

※屋敷の御願では、四隅に線香、クバンチンを3セットずつ供えることで、「四方八方十二方の神」をまわったことになります。

ヒヌカン以外の場所の拝みでは、線香は火をつけずに。クバンチンの上に線香を。その上に米、塩、酒、水を少しずつ、パラパラとお供えする

御嶽ってな〜に?

どこのおうちの近所にもある御嶽　実は神様の出張所だった!?

普段は意識しないけれど、気がつけばおうちの近所にある「御嶽《うたき》」。子どもの頃、おばあちゃんたちに「御嶽で遊んだり、うるさくしちゃいけないよー」といわれた経験のある方も多いと思います。「御嶽は神様のいるところ」、ウチナーンチュなら誰でも知っていることですが、ここでは私が聞いた年長者の話をもとに、もう少し御嶽についてお話ししましょう。

自然神をまつっている「御嶽」。実は「神様の出張所」だそう。拝む人がグイスをあげると、これが神様を呼び出す合図に。お呼びがかかると「ニライカナイ本庁」から、出先機関である「御嶽」に出向するとか。

呼び出された神様は香炉の上にヒョイと立ち、御願の内容にフムフムと耳を傾けます。その内容が妥当かどうかを検討し、「これは妥当!」と判断したら、広範囲な神様ネットワークのもと、適材適神に連絡網をまわすシステムになっているとか。この話を聞いて、「神様たちも、なかなかな連携プレイ!」と思わず唸ってしまいました。

御嶽にも国会議事堂から県庁、村役場までいろいろあるそうです。集落の御嶽は村役場。

「斎場御嶽《せいふぁ》」のようなところは国会議事堂。なにか陳情したいことがあるとき、いきなり国会議事堂にのり込んでいくようなことはしませんよね。「屋敷の御願」など、内々の御願は、おうちのヒヌカンと村役場である集落の御嶽で。斎場御嶽などは、拝みのプロで手順を踏んだ方以外の人が手を合わせるのは、筋違いだそうです。

首里の人たちがまつるアダンガー。身近な御嶽を大切に。顔見知りになれば、親近感もわくもの

しーぶんコラム

実は身近なこんな御嶽

よく見れば、どの集落にもある「村ヒヌカン」や、井戸や川・泉の神様「カーシン」。これらも御嶽。このふたつは一対といわれています。ヒヌカンを父性や太陽とするのに対し、カーシンは母性や月と捉えるのだとか。ほかにも、海の近くの洞窟や岩にまつられる「竜宮神」、霊石を丁寧にまつった「ビジュル」などが、実は身近な御嶽なのです。

人の家でやってはいけないことは御嶽でもやってはいけないのです

御嶽での注意事項

ここでは昔からお年寄りにいわれてきた「神様の居場所――御嶽」での注意事項をまとめておきましょう。

❶御嶽は**清浄を保つこと**。線香や供え物はそのまま放置せず、必ず持ち帰ること。頼みごとで訪ねてきて、汚して帰られたのでは、いくら寛大な神様だって腹が立つというものです。

❷石や木の枝をはじめ、**御嶽のものは一切、持ち帰らないこと**。人の家に入って、ものを持ち帰ったら泥棒だし、壊したら器物損壊。神様の居場所の御嶽だって、それと同じこと。

❸**足下に注意**。御嶽によっては、香炉が自然と一体化してわかりにくいところがあります。四角く彫られた石や、苔むした台形の石があったら、それは香炉（左ページ写真参照）。神様のお立ち台をうっかり踏んでは、たいへん失礼なのです。

❹御嶽では**騒がないこと**。お年寄りのなかにはヘビが出ても慌てず騒がず、「神イチムシヤサ（神様の遣いだ）」といって、平然としている人もいます。

❺御嶽では**火を使わないこと**。特に水の神様や海の神様（竜宮神）には火は使わないそうです。

防火ということもありますが、そもそも自然神には線香は使いませんでした。時代の流れで線香を使うようになったといわれています。

❻御嶽で**立ち小便はしないこと！** これで「オチンチンが腫れた」という話も聞きます。

❼御嶽の**前を通るときは一礼する**と、神様の好感度がアップするそうです。

御嶽の階段を切って設置された香炉。いまは使われてなくても、香炉は香炉。踏まないで！

しーぶんコラム

御嶽に入る際の挨拶

用事があって御嶽に入る際には、身分を明かして用件を説明するのが礼儀。「○○に住んでいる◎子ですが、××の用事できました。失礼があったらお許しいただき、無難にお通しください」というのが一般的だそうです。お年寄りなどは「ぶなん美《ちゅ》らく うとぅし くみそぅり（無難にお通しください）」と口にしながら御嶽に入るのを見かけます。

グイス例⑥

サリ　アートートー　ウートートー
マサシェール(強い) フールの神様。
私は(住所) に住む(干支) 年生まれの(名前) です。
私に口難口事が入ってきています。人との和合を持たせ、
私に対する悪い気持ちは、このフールから流してください。
いまかかっているヤナ口は受けることができません。
ヤナ口は出した人の口に返し、よい口にして戻してください。
私もよい心で相手を迎えますので、
これからは相手もよい心を持ちますように。
サリ　アートートー　ウートートー

【御願の手順】

❶塩、米、酒をトイレの便器の前に置き、便器に向かって座る。
❷グイスを唱える。
❸グイスを唱え終えたら、左手で塩、米、酒を便器の中に流す。
❹塩を頭のつむじに擦り込み、酒をウビナディ(29ページ参照)する(口災いで穢れた体を清めるため)。
❺残りの塩、米、酒を持って、玄関へ。玄関扉を開け、左手でそれらを全部、勢いよくぶちまき、下記の口上を強い口調で。
「ヤナ口難口事は一切受けることができないので、出した口に返す!!　この戸柱(トファシラ) をくぐるときには、ヤナ心はよい心に変えて通してください」
❻玄関を閉めたら、その日の外出は避けること。

わが家の
うーとーとー
実践編

他人から口災いを受けたら
口難はずし

恨む、ねたむ、うとましく思うといった感情は誰にも経験があるはず。その思いが強いと「口災い（口難口事／くちなんくちぐぅとぅ）」として相手に影響を及ぼすことがあります。

口災いを受けた相手は体調不良が続いたり、物事が意味もなくうまくいかなくなったりと、苦しい思いに見舞われます。さらに、苦しみの原因が口災いであることに相手が気づいたとき、悪しき思いを抱いた人にも苦しみが倍返しになるといいます。「負」の感情は、双方を不幸にしてしまうのです。

厄介なもので、一生懸命やって評価されたときに、ねたみから「口災い」を受けることも。こうした場合の対処策として、「口難はずし」の御願が伝えられてきました。

本来は線香を用いる御願ですが、ここでは簡略バージョンを紹介しましょう。フールの神様の力を借りて、トイレで行います。この御願でもっとも大事なのは、口災いを祓うだけでなく、「自分にもなにか落ち度がなかったか。相手を傷つけていないか」と己を省みる気持ち。それを忘れずに。

【用意するもの】

塩、米、酒。それぞれ小皿や盃に入れておく。

【事前の準備・時間帯】

トイレをきれいに掃除しておくこと。アコークローに行う。

サリ　アートートー　ウートートー　**グイス例⑦**

戸柱(またはフール) の神様、(落とした人の住所・干支・名前を報告。子どもの場合は両親の干支と名前も)。

近頃、◎男(落とした人の名前) は驚くことがあり、

マブイを落としてしまったようです。

○子(拝む人の名前) が心を込めて、◎男のマブイを込める拝みをしますので、どうか(まだ未熟な子どもですから)

迷いのないように戸柱(またはフール) の神様から

◎男のマブイを呼んでください。

そして、この寝巻き(下着) に、石に、水に、

おにぎりにマブイがのりますように。

どうか◎男の体にマブイが戻り、これからは心も体も

鉄のように、石のように、強く硬してください。

サリ　アートートー　ウートートー

【メモ】

■マブイグミはアコークローの時間帯に行うこと。

■行う前に風呂に入って体を清めておくこと。

■事故に遭遇して落としたなど、マブイを落とした場所が明らかな場合、その場まで出向いてマブイグミをするのがより効果的です。その際は家の石ではなく、現場で石を7つ拾ってマブイグミを行います(家から持参してもOK)。

■使用した石やサン、水はしばらく手許に置いておくこと。その後、水は花壇や植木鉢など、人が踏まないところにまく。石はもとの場所に戻す。サンは塩を振ってから捨てること。

わが家の
うーとーとー
実践編

落としたマブイを拾うための
マブイグミ

沖縄では「人にはマブイ(魂)が７つある」といわれています。ビックリしたり、ひどくショックなことに遭遇すると、落ちてしまうといわれるマブイ。落ちたままにしておくと、腑(ふ)が抜けたような状態が続きます(146ページ参照)。落としたマブイはできるだけ早く拾い、体に収め直すのが鉄則。そのためのおまじないが「マブイグミ(マブイ込め)」です。

自分で行うのではなく、家族など人にやってもらうのが一般的。落とした場所で行うのがいちばん効果的ですが、どこで落としたかわからないことも多いので、ここではおうちの戸柱の神様(玄関)やフールの神様(トイレ)にお通ししてもらう方法を紹介しましょう。手順は132ページのマンガ参照。

【用意するもの】

・線香12本３本(15本御香) ９組
・アルミ箔
・ビンシー
・サン(77ページ参照)

■マブイを仮に込めるもの

・家の敷地内の石７個
・寝巻きまたは下着
・ひと口大のおにぎり７個
・水の入ったコップ

■マブイが戻ったことを祝うために食べる物(マブイの好物)

・魚汁

マブイグミ 実践編

玄関で行うバージョン

今日は
タミオの
マブイグミを
します。
力を貸して
ください

❶母、ヒヌカンに線香12本３本・３組を供えて、タミオ（息子）のマブイグミを行うことを報告。

❷魚汁以外の用意したもの（131ページ参照）を持って、玄関へ。

サリ　アートートー　ウートートー……

❸アルミ箔を広げ、その上で線香12本３本・３組に火をつけ、グイス（130ページ参照）を唱える。

マブヤー、マブヤー、
ウーティクーヨー
（追いかけておいで）

❹唱え終えたら、仮にマブイを込める石などの上で、サンを右まわりで３回まわしながら「マブヤー、マブヤ……」を３回唱える。終えたら、マブイが逃げないように、寝巻きとサンは懐に。

タミオのマブヤー、ウーティチョンドー!!
(追いかけてきてるよ〜)

❺母、玄関先で、マブイが戻ってきていることを大声で叫ぶ。

タミオー、タミオー、タミオ〜!!
ハーイ
ハーイ
ハ〜イ!!

❻マブイをしっかり呼び寄せるため、本人の名前を呼ぶ。本人も返事をする。

タミオのマブヤー、ウーティクーヨー
(追いかけておいで)

❼タミオの頭の上で、サンを右まわりで3回まわしながら唱える。

マブヤー、マブヤー、ウーティクーヨー……
タン
タン
タン

❽タミオに寝巻きを着せ、背中→胸→腹→足の順にサンで3回ずつ叩く。一連の作業がすむまで唱え続ける。

マブヤー、マブヤー、ウーティクーヨー……
ズリ
ズリ
ズリ

❾タミオのつむじに塩をすり付ける。

※玄関の線香は、マブイグミの最中、ずっと火をつけたまま置いておきます。沖縄の線香は火力が強いので十分に注意してください。

マブヤー、マブヤー、ウーティクーヨー……
トン
トン
トン

⑩コップの中の水と、ビンシーの酒で、タミオの頭頂部と眉間にウビナディ（29ページ参照）する。

タミオのマブイを込めました。これからは……

⑪マブイグミが終わったことをヒヌカンに報告し、感謝を。線香12本３本・３組を立て、「タミオのマブイを込めました。これからは心も体も鉄のように石のように、強く硬してくださり、もうマブイを落としませんように」。

残さずに食べなさいねー

⑫タミオは、マブイを込めたおにぎり７個を食べ、もう逃げていかないように、マブイの好物の魚汁を飲む。

安心して、寝ていいよ～
ぐ～～

⑬マブイグミをした晩は、外出厳禁！枕元に石、サン、御願に使った水の入ったコップを置き、就寝。

ひどく驚くことがあった時は、すぐにこのおまじないを！

マブヤー、マブヤー、ウーティクーヨー（マブイよ、マブイ、追いかけておいで）
ツルッ

地面からマブイをすくい上げるような動作をしながら３回唱えます。落とした直後なら、これだけで大丈夫。

3章 御願としきたりQ&A

御願の細々したことから、ヒヌカンのこと、
「厄」の心配、さらには気になるユタについて。
この章では、誰もが「ン？」と思っていたこと、
気になるけどなかなか訊けなかった質問にお答えします。

Q 放りっぱなしのヒヌカン、なにから始めたらいい？

A 長いことなんのお世話もしていなかったヒヌカンに、あらためて手を合わせようと思ったら、次の手順で。

❶花瓶や塩、酒などの器に塩をふり、清め、きれいに洗い乾かす。

❷香炉の灰は割りばしでやさしくほぐす。

❸花瓶に葉物を挿し、酒、水、米、塩をあらためてお供えする。

❹香炉に15本御香をお供えし、まずは長いことお世話しなかったことをお詫びする。そして、これからのことをよろしくお願いする。

Q バツイチ男性ですが、自分でヒヌカンをまつってもいい？

A 男性がまつってもいっこうに構いません。

台所におまつりしてあることから、いままでは「女性が祭祀者」というのが一般的になっていますが、もともとは一家の主が仕切っていたといいます。

古いしきたりを重んじる家ではいまでも、「御願解き（ウガンブトゥチ）」や「昇天・お迎え」といったヒヌカンの重要な御願行事は、一家の主である男性が行っているところもあります。

Q キリスト教信者ですが、ヒヌカンをまつってもいい？

A 宗教を持っている人が、嫁ぎ先のヒヌカンのお世話をしなければいけなくなったとき、戸惑う方もけっこういるようです。

ヒヌカンをまつるのは宗教ではありません。家族が長く心のよりどころにしてきたヒヌカンなら、大事におまつりしてください。ヒヌカンは自然神。そもそも神様には国境も派閥もないはずですから、個々の宗教を妨げることもありません。

Q 二世帯住宅の両方でヒヌカンをまつってもいい？

A 台所や玄関が別なら、アパートに住んでいるのと同じこと。親世帯、子世帯、それぞれにまつっても問題ありません。完全に同居しているなら、ひとつのヒヌカンを親子二代でおまつりします。ちなみにヒヌカンは、台所以外にはまつれません。

完全同居なのだけど、お姑さんとは別にヒヌカンをまつりたい……。もしもそんなことを考えているなら了見違い。家族の和がとれなければ、いくらヒヌカンに手を合わせても意味がありません。

Q 香炉の灰、いっぱいになったらどうすればいい？

A 香炉の灰は、これまでの祈願における神様と人間の努力の結晶。単なる「線香の燃えかす」ではないので、うかつに捨ててはいけません。次の手順で丁寧に処理しましょう。

❶香炉大の鉢をひとつ用意。香炉の灰を、できるだけ底のほう（古いほう）から丁寧にティースプーンですくい出し、用意した器に適量、移す。

❷灰にはまだ、神様が宿っています。移した鉢に火をつけた線香（3本御香）を立て、次のように声をかけてください。

「香炉から灰があふれたので、灰を分けさせてください。この線香3本にお乗りになって、香炉本体へお戻りください」

これは、移した灰に宿る神様の分身を、香炉に戻すため。

❸線香が半分ぐらい燃えたところで、火のついたまま鉢から抜いて、鉢の上でゆっくりと線香を左まわり（反時計まわり）に3回まわす（イラスト参照）。

❹神様の乗ったこの線香は、火をつけたまま香炉に立てる（イラスト参照）。

❺鉢に分けた灰は塩と酒をかけて、人が踏まない木の株下や、植木などにまけば完了。

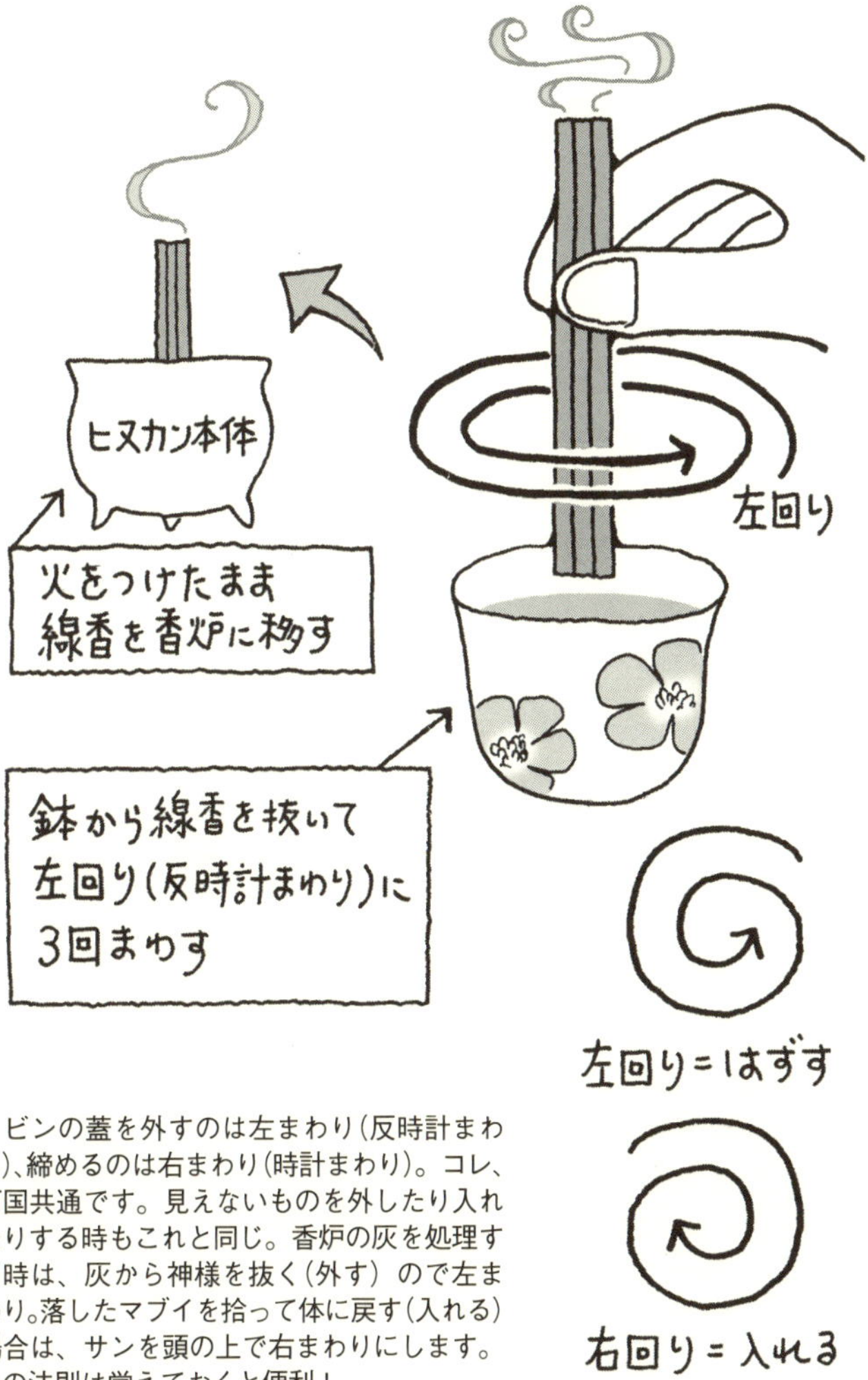
ヒヌカン本体
火をつけたまま
線香を香炉に移す
左回り
鉢から線香を抜いて
左回り（反時計まわり）に
3回まわす
左回り＝はずす
右回り＝入れる

ビンの蓋を外すのは左まわり（反時計まわり）、締めるのは右まわり（時計まわり）。コレ、万国共通です。見えないものを外したり入れたりする時もこれと同じ。香炉の灰を処理する時は、灰から神様を抜く（外す）ので左まわり。落したマブイを拾って体に戻す（入れる）場合は、サンを頭の上で右まわりにします。この法則は覚えておくと便利！

Q ヒヌカンに神様が宿ってないといわれてしまいました……

A ヒヌカンは「食果報（くぇーぷー）」と「健康」を守る神様でもあります。家族が健康で毎日3度のご飯が食べられているのであれば、立派にヒヌカンはお役目を果たしているといえます。

もしも気になるようなら、村ヒヌカンにお参りし、「繋ぎをとらせてください」とお願いすればいいそうです。

昔から「手を合わせるとそこに神が立つ」といわれています。他人の雑言に惑わされて、自分のヒヌカンにいらぬ疑惑を持たないようにしましょう。

御願全般に関する質問

Q グイス（拝みの言葉）は方言じゃないとダメ？

A 心を込めれば何語でも大丈夫。「サリ　アートートー」など、昔から使われている拝みの最初と最後の挨拶言葉ぐらいは方言を残したいですね。

Q 人によって違う御願のやり方。どう考えればいいの？

A やり方は地域や家庭により異なります。自分で納得した方法を選んで。不安なときは「未熟者ですから」とひと言付け加えれば神様も怒りません。

Q 「道理が通ってない拝みは通らない」、どういう意味？

A 「道理」とは、「物事がそうあるべき道筋。ことわり。理由」という意味。例えば、屋敷の御願をするとき。本来は土地の神様にも拝みをしますが、賃貸や集合住宅の場合、それは省くことになります。その際、「この家は借家です。持ち主ではないので、借りている部屋のみを、戸柱（玄関）からお通し拝みいたします」と、きちんと説明するのが「道理が通っている」拝み。「御願は丁寧に説明して、筋を通して」ということでしょう。

Q 「カミル」ってどういうこと？

A 神様や仏壇にお供え物をするとき、おばあちゃんが孫に「ウリッ!!カミて」といったりします。「カミル（上る）」は本来は「カミユン」という古くから使われている言葉。

お供え物をただポンッと置くのではなく、持った手を軽く眉間のあたりまでおしいただいて（同時に軽く頭を垂れる）からお供えする所作。敬うべき相手に礼をつくす動作です。

Q 御願をするのにいい時間帯ってある？

A 御願は、その内容によって適切な日取りや時間帯があります。日の選び方は、その日の干支や月の満ち欠けが影響する場合が多いようですが、ここでは1日のうちでの適切な時間帯の選び方を紹介します。

神様に前向きなお願いをするときの御願は午前中に。特に念入りにお願いしたい場合は、「朝ネングワン」といって、早朝に手を合わせるといいといわれます。昇ったばかりの太陽は、1日のうちでも力が強く、願いごとも聞き入れてもらいやすいということのようです。

逆に他人からの口難はずしやマブイグミなどの御願は、アコークロー（たそがれ時）を選びます。

御願は太陽や月、海などの自然の力と密接な関係にあるので、潮の満ち引きにも注意を払いましょう。結婚や引っ越しなどめでたいことは満ち潮のとき、災いやイヤなものから逃れたいときは引き潮の時間帯を選びます。いいことは満ち潮のように押し寄せてほしいし、イヤなものは引き潮とともにできるだけ遠くに押し流してもらいたい。素直な考え方なのでわかりやすいですね。

Q「御願不足だから、障害のある子が生まれた」といわれて……

A こんな話があります。あるおうちに、難産のすえ、重い障害をもった子どもが生まれました。家族一同、この子の行く末を慮《おもんぱか》って、お祝いムードではなかったといいます。ところが病室に、曾おばあちゃんが入ってきて、「ナニをメソメソしている！　この子はこの家のまとめ役として神様が送ってきた大切な宝だよ！　この子を中心にまとまれば、この家は栄える！　この子を笑う人こそ、みんなして同情しなさい。見てごらん。自分で万歳しているさぁ～」

他人の言葉ひとつで「否定される命」があってはけっしてなりません。

「子どもの病気は三代前の先祖があの世で苦しんでいるから」というフレーズを口にする人もいます。でも、考えてみてください。人生50年として、三代前は約150年前。誰もが、現代のように重箱料理を準備して豪華に法事をしたとは考えにくいです。

なにかことが起ると「先祖の供養不足」「御願不足」を気にする人がいます。確かに先祖供養は大切なこと。ですが、この言葉に翻弄されて、大事なことを見失っては本末転倒です。

Q 床の間にはどんな掛け軸を飾ると縁起がいい？

A 「夫婦三線」が定番アイテムとして飾られる「床の間」。ここは神様がいらっしゃる場所なので、掛け軸も願いを込めて選びます。

■自営業なら「七福神」

五穀豊饒、芸能や知恵、家の守護、富、長寿とオールマイティな掛け軸。7つの大難（太陽や月の異変、水害、火災、風害、干害、人災）は消滅し、代わりに7つの福が生まれるといわれています。

■長寿や健康、夫婦愛を願う「高砂《たかさご》」

鶴亀と老夫婦のユニット。「鶴は千年、亀は万年」、足して一万一千年の長寿と共白髪になるまでの夫婦愛を願って。

■試験や勝利を願う「関羽《かんう》」「毘沙門天《びしゃもんてん》」

そろばんを発明したともいわれる「関羽」は知恵を授け、闘いと守護の神様「毘沙門天」は勝利を導くのだそう。

※　※

床の間に飾る植物として人気なのは、

■「礼節をわきまえ、まっすぐ成功する」を意味する「竹」。

■「寅は千里を越えて必ず帰ってくる」という故事などにちなんだ「トラの尾」。

■260年に及ぶ江戸幕府を築いた徳川家康が好んだことから人気の「おもと」。

Q「トイレはきれいに」とよくいいますが、なぜ？

A トイレにはフールの神様がいるといわれています。マブイグミなどで大活躍するだけでなく、私たちがトートーメーになったとき、あの世への護衛や世話役をしてくれるのもフールの神様だとか。トイレ掃除を怠らなかった人にはフールの神様も感謝の気持ちで接してくれるといいます。あの世で他の神様に引きあわせるときも、好印象をアピールしてくれるとか。長い長い付きあいになるフールの神様の居場所、だからトイレをきれいにしておくのは大事なのです。

厄に関する質問

Q 厄年について教えてください

A 全国的には数え年で男子25歳・42歳・61歳、女子19歳・33歳・37歳が厄年といわれています。沖縄ではそれよりも重視されているのが、12年周期で巡ってくるトゥシビー（33ページ参照）。これを男女ともに、一生のうちで災厄に遭いやすい「厄年」と考えます。
「厄が巡ってくる」と身構えることで、一度自分を振り返り、「周囲の人々のありがたさ」「体への気づかい」「これからのこと」を考えるいい機会にもなるわけですね。

Q 40代の厄年は特に要注意といいますが……

A 12年に一度の厄年のなかでも最強の厄年といわれるのが、数えの49歳。特に男性は要注意。社会的には中間管理職、肉体は更年期に入り、精神的にも疲労が溜まる時期です。

この年の厄を外すおまじないが、自分の年を「ククヌツ・グンジュウ」ということ。コレ、「50に1つ足りない年」を表す言葉。けっして「49歳」といわないところがポイントです。「49歳」と聞くと、ヤナムンも近寄ってくるらしいので、これは禁句に。

Q マブイが落ちてるってどうやって見分けるの？

A 事故などで驚いたときはもちろん、失恋や悲しい出来事、つまずいただけで落ちることもあるマブイ。

落ちているときの症状は、「ボーッとして何事にもやる気が出ない」「好きな本やテレビを見ても、内容がまったく頭に入ってこない」「夢見が悪い」「夕方の同じ時間帯に、毎日、発熱する」。はたから見て「目がトロンとしている」「腑が抜けている」のも、マブイが落ちている証拠。症状がひどいときはマブイグミを（130ページ参照）。

Q 「かかりもの」って、どうやって見分けるの？

A 「かかりもの」とひと言でいっても、マジムン（魔物）やヤナカジ（病魔）にちょっかいを出されるケースもあれば、先祖からの「お知らせ」の場合もあります。一般的なかかりものの症状は、「嗜好や性格が変わった」「夜、眠れない」「耳鳴りがする」「金縛りにあう」「体の局部的な痛み」など。症状が体の左側なら実家や過去のこと、右側なら嫁ぎ先や現在のことといわれますが、これは手相見からきているようです。

症状が起きたとき、やってみることは3つ。「先祖が気がかりなことはなにかないか」考える。供養不足など、思い当たることがあれば解決を。

マジムンなどにちょっかいされた可能性があるなら、「お風呂に塩を入れてはいる」「塩を入れたお湯を体にかける」のも効果があるかもしれません。ただし肩から下に。頭には自分を守っている方がいるので、決してかけないように。サンや箒《ほうき》で体を叩くのも効果的とか。

そして重要なことは「病院に行くこと」。病気が隠れていることのほうが多いです。「医者が一番、ユタは二番」ということを忘れずに。

Q 魔除けのシーサーはどこに置くのが効果的？

A シーサーはアウトドアの魔除け。設置は屋外に。家の中に置くと、玄関フィルターを通過して屋内に到達した「福」まで追い出しちゃうそう。

ちなみにシーサーは、買ってきて置くだけでは「魔除け」の役割を果たしません。置く前に必ず覚醒させてください。手順は次の通り。

❶シーサーに塩を振りかけ、清める。
❷水をジャブジャブかけて、すべてを洗い流す。
❸シーサーの口に酒を注ぐ。
❹大きく息を吸い込み、勢いよくシーサーに息を吹きかける。
❺シーサーのそばで大きく柏手を打つ。

これでシーサーがしっかり覚醒し、おうちの守りになってくれます。

近年、ずいぶんとかわいいシーサーが増えましたが、魔除けとして置くなら、できるだけ怖く迫力のある面相のものを。横座りのものより、正面を向いて座っているシーサーのほうが、腹や腰に力を入れて守ってくれるので、いいそうです。

厄に関する質問

Ｑ 厄祓いにも縁起物にも使われる「塩」ってなに？

Ａ 確かに塩は、悪いものから身を守るためのお守りにしたり、厄祓いに使ったりするかと思えば、福を呼ぶための盛り塩にしたり、神様の供物にしたりもします。

「海からの贈り物」「海の神様の霊力が宿るもの」といわれてきた塩。その効能は「清め、よりよい状態にする」こと。

厄がかかっているなど、悪いときに使えばニュートラルな状態に。平常時に使えば福がくるようないい状態に、というわけです。

ユタに関する質問

Ｑ ユタのところでは、どんなことをしてくれる？

Ａ ユタの仕事は大きく分けてふたつ。ひとつは判断をとる（ハンジする）、もうひとつは拝みをする。ハンジが「検査」で、拝みが「処置」というところでしょうか。ハンジはユタ自身のチジ（指導し守っている神様）の力を借りて行うといわれています。拝みにもチジの力が不可欠だとか。「サー高」という言葉がありますが、これはチジの力が強く、「神様から聴く耳を授かった人」のこと。ユタもこうした生まれで、仕事をする役割を担っています。

Q 「サー高」に憧れています。私もなれますか？

A 「サー高」は「霊力が高い」と簡単に訳されることがよくあるので、「サー高＝選ばれし者、神秘の人」と誤解している人が多いのに正直、ビックリ。

サー高であるユタの方々に多く会いましたが、誰もが「なんでこんな生まれをしたかねー」と嘆きます。この生まれには、「神ダーリ」という症状が付きもの。見えないもの、聞こえるはずのない声に先導され、意味不明な行動を取るなど、日常生活を普通におくることができなくなります。さらに、病気や事故に遭ったり、家族を含め悲しい出来事を体験させられたりすることも多々あるそう。

サー高生まれした人は、人の相談にのったり、人のために動かされる役割を担わされています（時間や労力を使い、ときには自腹をきってまで）。そのときに必要な「導き方法の引き出し」を増やすために、多くの苦難を体験させられるのだとか。

昨今はスピリチュアルブームとやらでユタが話題になり、「ユタになりたい」という人が増えていると聞きます。が、それは生まれながらの役割。私の知る限り、望んでユタになった方はいません。

Q ユタとノロはどう違うのですか？

A ともに「神人」ですが、簡単にいえばノロが「国家公務員」なのに対して、ユタは「民間」。

王の血筋である聞得大君を頂点に、琉球王府から任命されたのが「ノロ」。女系世襲の国家公務員で、派遣された村の行事や国の政に関わる祭祀を行いました。いまでも村の祭祀を司るノロは少数ながらいらっしゃいます。

ユタの管轄は、家族や門中の拝みごとなど。女系世襲といった決まりはありませんが、多くがウナイ神である女性です。

Q いいユタ、悪いユタってどこで判断すればいい？

A まず知っておきたいのが、ユタにもそれぞれ専門分野があるということ。未来を見る専門、トートーメー問題が得意なユタ、土地や人の相性が専門など。相談する内容とユタの専門分野が合っていることが重要です。ユタは家庭内の仲裁役やカウンセラーの役目も果たしてくれるので、自分との相性も重要な要素になります。ひとついえるのは、高額な謝礼を要求してくる人はバツ。「神様が50万円といっている」といわれて途方にくれたという話も耳にします。

Q ユタに相談するときに、特に注意することはある？

A 自分から「家族構成」や「なぜこんな問題が浮上してきたか」など、相談に直結する情報を与えないこと。本当に力のあるユタなら、自分のチジの助けだけで導いてくれるはず。

ただし「見えない世界のスポークスマン」であるユタ曰く、「同じものを見ても、ユタによって見る方法や方向、チジの力が異なるので、見え方が違ってくる」といいます。相談者にも、伝えられたことの本質を見極める力が必要。いらないところは聞き流すくらいにしましょう。

Q ユタに頼んだ御願。人に「通ってない」といわれて……

A 見えない世界ですから、判断が難しいところ。御願後の「満足度」ではかってみてはどうでしょう。

こんな話があります。「ヤナムンがかかっている」と信じ込み、家事も放棄し、ふさぎ込んでしまった主婦。家族が心配して、ユタに拝みを頼みました。終了後、「きれいにヤナムンを片付けたからもう安心。けど、ヤナムンは汚いところが好きだから、家を汚くするとまたかかってくるよ」と話したところ、主婦は掃除をこまめにし、家も明るくなったそう。

うーとーとーコラム

「最近の相談者は……」ユタのつぶやき

「なんで私のいうことを、『当たる』『当たらない』というかね〜。私は占い師じゃないよ。占いは、相談に来る人ひとりひとりのチジと向きあってないさー」。90歳にも手が届くユタのおばあちゃんがこんなことをいいました。自分のチジと直接対話し、自分自身の苦難の人生経験をもとに相談にのったり、ハンジしたり、御願を行うユタ。ところが昨今、占いもどきの行為を行い「ユタ」と名乗る人たちも増えてきています。

相談者のほうもユタを占い師と混同している人が増え、「最近は変な相談をしてくる人が多くなった」と年配のユタはボヤきます。「店をオープンさせるので、儲かる商品を教えて」「彼を奥さんと別れさせてほしい」などなど。自己中心的で、自分で考え努力することをせず、すべては御願頼み。さらに、「御願をしてもらったけど、いっこうに希望通りにならないので、謝礼を返して！」と乗り込んでくる相談者も。

「昔は『親ファーフジ（先祖）は成仏しているか』とか『家族の長患いが治るように』みたいに、家族内や門中の相談ごとがほとんどだった。自分の欲で相談に来る人はいなかったさー」

ユタに相談に行くことを昔は「物習れーに行ちゅん（ものを習いにいく）」といったものです。こうした姿勢の相談者も、昔ながらのユタも、残念ながら数が少なくなってきているようです。

グソー物語

「グソー（あの世）で先祖はどんなことになってる？」「御願不足ってホントにあるの？」……。グソーがわかれば、いろんな疑問の答えが見えてきます。

おじぃが亡くなった!!

子年生まれのカマ助おじぃが亡くなりました。本人も驚いていると思うので、心を落ち着かせるようにいってください

ウリッ!!
天の役所に報告せねば
パトロール
帳簿

家族が亡くなったら、まずヒヌカンに報告。それを受けたヒヌカンのひとりは、早速、天の役所へ。おじぃを生きてる家族の戸籍から抹消し、先祖の戸籍に新規登録する。もうひとりのヒヌカンはおじぃに付き添う係。さらに残りのヒヌカンは、家にほかの死神が入ってこないように、近隣をパトロール。

四十九日までウロウロ

おじぃ、死んだんだよ。ビックリしなくていいさ〜
つん
つん
おじぃを迷わすな!!

警護
……
道案内
グソー入口
ミーサー
そろそろグソーに向かおうねぇ〜

おじぃにグソーの税金、持たせようね〜
ウチカビ

死んだばかりのミーサー（新仏）は、自分の現状を把握しきれない。それを諭すのはヒヌカンの役目。迷わせようと、まわりでウロウロするヤナムンからミーサーを守るのも、ヒヌカンの役目。

四十九日になると、ヒヌカンの道案内でいよいよグソーに向うことに。これが「成仏」。道行の護衛にはフールの神様と先輩先祖が付く。

四十九日の供養では、ウチカビを燃やす。ウチカビは先祖がグソーで支払う税金なのだ。

御願不足!?

沖縄ではなにか変事が起こると、それを「御願不足」と考えたりする。「供養が足りてない」＝「先祖があの世で税金が払えずに困っている」ということなのだ。肩身が狭く、苦しい状況を子孫に気づいてほしくて、先祖はあの手この手で「お知らせ」してくる、というわけ。また、子孫の役に立ちたくても、供養が足りてない先祖は身動きがとれず、切ない思いをするのだ。「御願不足」を予感したら、先祖供養を忘れてないか、ウチカビを送金したか、要確認。

年忌には仕送り

沖縄では一周忌、三回忌、七回忌、十三回忌、十七回忌、二十三回忌、二十七回忌、三十三回忌の年忌を行う。グソーには要所要所に関所があって、そこで納税を要求されるとか。

燃え残りがあると、税金が足りなくなっちゃうので、ウチカビは十分に燃やしきって。

家族全員がひとり１組ずつ燃やしたら、あと少しウチカビを追加。コレ、「ワタクシ分」。税金以外の先祖のおこづかいになるのだ。

■家族の覚書

名前	生まれ年	干支	メモ（祝事の年、没年、年忌など）

【知っておきたい干支と数え年】

現在、年齢は満年齢（生まれた年が０歳）で数えますが、御願・行事では昔からの「数え年（生まれた年を１歳とする）」が使われています。最初の生まれ年と同じ干支の年は満12歳ですが、数えなら13歳なので、「十三祝い」と呼ばれています。

さらに御願を行うときに重要なのが、自分やまわりの人の干支。本来の干支のとり方は、新暦ではなく、旧暦の正月からその年の干支が適用されます。つまり、旧正月前に生まれた人は、本来は前の年の干支なのです。

例えば、2000年の旧正月は新暦２月５日（左記の表参照）。同年の新暦１月１日～２月４日生まれは辰年ではなく、卯年生まれになります。干支は「厄年」をみるのにも重要なので、左記の表で確認してください。

■各年の旧暦1月1日に当たる新暦の日にち

西暦	年号	旧暦1月1日に当たる新暦の日にち	干支	西暦	年号	旧暦1月1日に当たる新暦の日にち	干支
1908年	(明治41年)	2月2日	申	1960年	(昭和35年)	1月28日	子
1909年	(明治42年)	1月22日	酉	1961年	(昭和36年)	2月15日	丑
1910年	(明治43年)	2月10日	戌	1962年	(昭和37年)	2月5日	寅
1911年	(明治44年)	1月30日	亥	1963年	(昭和38年)	1月25日	卯
1912年	(大正1年)	2月18日	子	1964年	(昭和39年)	2月13日	辰
1913年	(大正2年)	2月6日	丑	1965年	(昭和40年)	2月2日	巳
1914年	(大正3年)	1月26日	寅	1966年	(昭和41年)	1月22日	午
1915年	(大正4年)	2月14日	卯	1967年	(昭和42年)	2月9日	未
1916年	(大正5年)	2月4日	辰	1968年	(昭和43年)	1月30日	申
1917年	(大正6年)	1月23日	巳	1969年	(昭和44年)	2月17日	酉
1918年	(大正7年)	2月11日	午	1970年	(昭和45年)	2月6日	戌
1919年	(大正8年)	2月1日	未	1971年	(昭和46年)	1月27日	亥
1920年	(大正9年)	2月20日	申	1972年	(昭和47年)	2月15日	子
1921年	(大正10年)	2月8日	酉	1973年	(昭和48年)	2月3日	丑
1922年	(大正11年)	1月28日	戌	1974年	(昭和49年)	1月23日	寅
1923年	(大正12年)	2月16日	亥	1975年	(昭和50年)	2月11日	卯
1924年	(大正13年)	2月5日	子	1976年	(昭和51年)	1月31日	辰
1925年	(大正14年)	1月24日	丑	1977年	(昭和52年)	2月18日	巳
1926年	(昭和1年)	2月13日	寅	1978年	(昭和53年)	2月7日	午
1927年	(昭和2年)	2月2日	卯	1979年	(昭和54年)	1月28日	未
1928年	(昭和3年)	1月23日	辰	1980年	(昭和55年)	2月16日	申
1929年	(昭和4年)	2月10日	巳	1981年	(昭和56年)	2月5日	酉
1930年	(昭和5年)	1月30日	午	1982年	(昭和57年)	1月25日	戌
1931年	(昭和6年)	2月17日	未	1983年	(昭和58年)	2月13日	亥
1932年	(昭和7年)	2月6日	申	1984年	(昭和59年)	2月2日	子
1933年	(昭和8年)	1月26日	酉	1985年	(昭和60年)	2月20日	丑
1934年	(昭和9年)	2月14日	戌	1986年	(昭和61年)	2月9日	寅
1935年	(昭和10年)	2月4日	亥	1987年	(昭和62年)	1月29日	卯
1936年	(昭和11年)	1月24日	子	1988年	(昭和63年)	2月18日	辰
1937年	(昭和12年)	2月11日	丑	1989年	(平成1年)	2月6日	巳
1938年	(昭和13年)	1月31日	寅	1990年	(平成2年)	1月27日	午
1939年	(昭和14年)	2月19日	卯	1991年	(平成3年)	2月15日	未
1940年	(昭和15年)	2月8日	辰	1992年	(平成4年)	2月4日	申
1941年	(昭和16年)	1月27日	巳	1993年	(平成5年)	1月23日	酉
1942年	(昭和17年)	2月15日	午	1994年	(平成6年)	2月10日	戌
1943年	(昭和18年)	2月5日	未	1995年	(平成7年)	1月31日	亥
1944年	(昭和19年)	1月26日	申	1996年	(平成8年)	2月19日	子
1945年	(昭和20年)	2月13日	酉	1997年	(平成9年)	2月8日	丑
1946年	(昭和21年)	2月2日	戌	1998年	(平成10年)	1月28日	寅
1947年	(昭和22年)	1月22日	亥	1999年	(平成11年)	2月16日	卯
1948年	(昭和23年)	2月10日	子	2000年	(平成12年)	2月5日	辰
1949年	(昭和24年)	1月29日	丑	2001年	(平成13年)	1月24日	巳
1950年	(昭和25年)	2月17日	寅	2002年	(平成14年)	2月12日	午
1951年	(昭和26年)	2月6日	卯	2003年	(平成15年)	2月1日	未
1952年	(昭和27年)	1月27日	辰	2004年	(平成16年)	1月22日	申
1953年	(昭和28年)	2月14日	巳	2005年	(平成17年)	2月9日	酉
1954年	(昭和29年)	2月4日	午	2006年	(平成18年)	1月29日	戌
1955年	(昭和30年)	1月24日	未	2007年	(平成19年)	2月18日	亥
1956年	(昭和31年)	2月12日	申	2008年	(平成20年)	2月7日	子
1957年	(昭和32年)	1月31日	酉	2009年	(平成21年)	1月26日	丑
1958年	(昭和33年)	2月19日	戌	2010年	(平成22年)	2月14日	寅
1959年	(昭和34年)	2月8日	亥	2011年	(平成23年)	2月3日	卯

シディガフウ(お礼、感謝の拝み) …………………………… 90
シバサシ(柴差し) …………………………………………………… 76
首里十二カ所………………………………………………………… 92
十二支(干支)………………………………………………… 32、63、157
十二支の守り本尊 ……………………………………………… 33、92
線香、御香(ウコー)、平御香(ヒラウコー) ………………… 98
タティウガン(御願をたてる) …………………………… 31、38
トゥシビー(生まれた年の干支と同じ干支の年) ……… 33、80
ヒヌカン(火の神) ……………………………………… 12、14、16
ヒヌカンの香炉、お供え ……………………………… 18、20
左綱(嫌なものを外す綱)、右綱(祝い綱、日常使いの綱) … 42
左まわり(嫌なものを外す)、右まわり(福や必要なものを入れる)139
ビンシー(御願用グッズ/神様への実印) ……………………104
ビンシーセット(ビンシーを中心にした御願セット) ……………106
マブイ(魂) ………………………………………………………… 130
ミーサー(新仏) …………………………………………………… 37
厄年………………………………………………………………… 33、145
屋敷の神様たち…………………………………………………… 120
ヤナムン・マジムン(魔物)、ヤナカジ(病魔) …… 44、79、147
ユタ…………………………………………………………………… 149
琉球八社……………………………………………………………… 92

■筆者より■

本書に記した御願のやり方などは、長年にわたり筆者が那覇を中心に聞き学んだものです。御願のやり方、考え方は地域や門中、家によっても異なります。読者のみなさんには本書を参考に、それぞれ身近な年長者に話を聞きながら、各々の方法で暮らしのなかの御願を振り返っていただければ幸いです。

用語索引

アガリティダ(朝日) …………………………………… 15
アコークロー(夕方のたそがれ時) ……………………… 68、142
閏月(うるうづき／ユンジチ) ………………………… 22
ウサギムン(お供え物) ………………………………… 98
ウサンデー(お下げ物) ………………………………… 108
ウビナディ(指撫で) ………………………………… 28、29
ウチカビ(紙銭／先祖のお金) ………………………… 102
ウミドメ・ヤマドメ(海留め・山留め)………………… 52
ウガンブトゥチ(御願解き) …………………………… 91
ウナイ(女性の霊力性) ………………………………… 62
ウブク(お供えのご飯)、赤ウブク(お供えの赤飯)… 12、18、110
御嶽…………………………………………………………… 124
御願不足……………………………………………… 103、154
お知らせ……………………………………………………… 21
数え年………………………………………………………… 156
旧暦……………………………………………………… 10、22
グソー(後生／あの世) ……………………………… 9、154
グイス(拝みの言葉) …………………………………… 96
クバンチン(神様のお金／天の帳簿) ………………… 100
口難、口災い(他人の悪しき口から受ける災い) ……… 128
ゲーン(ススキで作るおまじないグッズ) ……………… 76
サン(ススキで作るおまじないグッズ) ………………… 77
サー高(神様から聴く耳を授かった人) ……………… 149、150

- ■ 本文イラスト
  のなかあき子
- ■ 表紙等の張り子制作
  豊永盛人
  http://toy-roadworks.com/
- ■ 表紙・カバーデザイン
  I'll Products（坂上恵子）
- ■ 本文デザイン
  I'll Products（坂上恵子・高橋美緒・平松剛
  　　　　　　北沢世羅・藤居雪子）

沖縄 暮らしのしきたり読本
御願・行事編

2008年9月29日　第1刷発行
2024年11月18日　第10刷発行

編・著者◎比嘉淳子＋チームくがに
発行者◎島野浩二
発行所◎株式会社双葉社
〒162-8540
東京都新宿区東五軒町3番28号
電話番号◎03-5261-4818（営業）
　　　　　03-5261-4869（編集）
http://www.futabasha.co.jp/
（双葉社の書籍・コミックが買えます）

印刷所◎三晃印刷株式会社
製本所◎三晃印刷株式会社
©Higa junko& team Kugani
2008 Printed in Japan

落丁・乱丁の場合は送料双葉社負担でお取替えいたします。「製作部」あてにお送り下さい。
ただし、古書店で購入したものについてはお取替え出来ません。
ＴＥＬ.03-5261-4822（製作部）
定価はカバーに表示してあります。

本書のコピー、スキャン、デジタル化等の無断複製・転載は著作権法上での例外を除き禁じられています。本書を代行業者等の第三者に依頼してスキャンやデジタル化することは、たとえ個人や家庭内での利用でも著作権法違反です。
ISBN　978-4-575-30069-7　C0095

比嘉淳子（ひが・じゅんこ）

「西町のカナァは那覇一の女傑」と謳われた祖母とその仲間たちに「琉球女の心意気」を仕込まれる。一時は「しきたり」に嫌気がさして「バブル」に身を置くが、潜在的に「オバァ化」は進んでいた。20代前半に主婦となるが、これまた「オバァView」な環境でますます「御願」や「旧暦行事」「くらしの知恵」の深みにハマる40代。著書は『沖縄オバァ烈伝～オバァの人生指南』（双葉社刊）、『琉球ガーデンBOOK』『御願ハンドブック』（ともにボーダーインク刊）など。
そのほか、ラジオやテレビ出演、講演活動を行っている。

チームくがに

沖縄発信で、旧暦の暮らしと知恵を伝えるプロジェクト。比嘉淳子をはじめ、編集・ライターの林秀美、平井かおる「オバァ予備軍3人組」で結成。